彭歌著

書的光華

三民書局印行

中華民國六十年十二月初版
中華民國六十三年四月再版

書的光華

基本定價壹元貳角伍分

著作者　彭歌
出版者　三民書局有限公司
發行所　三民書局有限公司
臺北市重慶南路一段七十七號
印刷所　三民書局有限公司

內政部出版登記證內版臺業字第六六〇號

三民文庫編刊序言

書是知識的滙集，知識是人人必備的，因而書是人人必讀的；我們出版界的責任，就是要提供好書，供應廣大的需要。不但在內容上要提高書的水準，同時在價格上也要適合一般的購買力，至於外觀求其精美，當然更是印刷進步的今日應該做得到的。

知識是多方面的，社會科學、自然科學的知識，文學、藝術、哲學，歷史的知識，莫不為人所必需，推而至於山川人物的記載，個人經歷的回憶，也都包括在知識的範圍以內；這樣廣博知識的滙集，就是我們所要出版的三民文庫陸續提供的讀物。

在歐美日本等國，這種文庫形式的出版物，有悠久的歷史及豐富的收穫，人人愛讀，家家傳誦，極為我們所欣羨近年來我國的出版界，在這方面亦已有良好的開始；我們願意站在共求文化進步的立場並肩努力，貢獻我們微薄的力量，參加栽種的行列。我們希望得到作家的支持，讀者的愛護，同業的協作。

中華民國五十五年雙十節

三民書局編輯委員會謹識

前記

書籍不僅是傳播知識，表達意見，交流感情的媒介，而且是人類文明的火種，含光吐華，照耀千古，生生不息，是人之所以爲人的一大特色。

「書的光華」所談者大都是書或與書有關的東西。此集所收八十篇短文，包括有諾貝爾獎得主（雖然他不能接受）俄國小說家索茲尼欽的新作；和本年最招議論的暢銷書「愛的故事」；密契爾討論美國學園慘案；也有關於知性生產之書。形形色色，無非是爲了介紹有關書籍的新知。

我爲聯合報寫「三三艸」專欄，自五十七年三月三十日開始，其已結集者有「書中滋味」、「青年的心聲」、「取者和予者」、「祝善集」、「筆之會」等；「書的光華」是第六集，皆由三民書局出版。而這一集中討論書籍所佔的份量，比過去五集似更多。間亦涉及新聞、文藝、創作等問題。最後幾篇則是去年再度訪美所得的印象。

近年來，師友們見面每因「三三草」而對我謬加獎飾。有朋友說，在目前報紙專欄中經常談書而尚不惹人厭的，我是第一個作此嘗試的人。這話我實愧不敢當，如果說我的短文對社會也有些微貢獻，毋寧說是由於廣大讀者熱愛書籍、尊重知識的風氣，大大鼓勵了我。拙文之諸承愛賞，不過是「適逢其會」。但我並不掩飾內心的欣喜——祇要我能對讀書趣味與風氣都有裨助，我對這個工作將樂此不疲。我願在此謝謝王惕五先生以及聯合報的朋友們，謝謝三民書局，也謝謝許多位識與不識給我指教和鼓勵的人。

彭歌・民國六十年十一月廿六日

書的光華　目錄

六十年之書

中華民國建國六十年，照中國人的習慣，六十年是一個「甲子」，所以特別值得慶祝。我猜想，在這樣一個重要的年頭，我們應該有一些重要的書籍出來。一般慶祝的活動，當然都各有其意義，但是，說到能播諸四海，無遠弗屆，垂諸後代，萬世千秋，最方便而最有效的方法，仍無過於好書流傳。「流」可使之廣，「傳」可使之久，光大國史，弘揚文化，再沒有比書更有力的工具了。

我們是世界上最早有成文歷史的民族之一，幾千年來緜延不斷，這是一件了不起的事。可是，到了近代，由於治學方法的進步，治學工具的發達，史學也就不能再墨守千百年前的成範遺規爲滿足。從現代人的眼光來看，我們的歷史著述似乎還不够細密謹嚴。時間越近，史料越豐富，證據越多，但記載也就越容易分歧。遠者不談，就像 國父究竟有沒有見過李鴻章，都有截然不同的許多說法，如果六七十年前開國第一偉人的事蹟，竟然「既可如此，又可如彼」，歷史還有甚麼可信的價值呢？

治歷史學的朋友告訴我一個故事，饒有趣味：英國的當代史學家湯因比，有一天正在樓上書齋裏寫作，忽聽得樓下人聲喧嘩，原來是有人打架，湯因比趕下樓去，向在場的五六個人詢問這場架是怎麼打起來的，結果這五六個「目擊者」的說詞竟各個不同。湯因比回到書齋，不禁大發感慨，他說，當時人說身邊事，猶有如許出入，人間欲求完全可靠的信史，眞是戛戛乎難矣哉。

我引述這個故事，並不是藉以重述「盡信書不如無書」的說法；恰恰相反，正因爲當時的說法已經可能有許多的不同，治史就更要步步小心；同時，收集材料應以當時爲貴，整理史料的工作，也應越早動手越好。百分之百的眞實完整也許是不可能的，但我們總應卽時卽地，隨時做起，力求其眞實，力求其完整。

六十年歲月悠悠，中華民國經歷了無數的憂患，也有無數的興革。從政府機構、學術團體，乃至於民間組織，都應該做一番回溯的努力，通覽今古，鑑往知來，從細密深刻處著手，綜合許多小的單元的歷史，而後方可看出一部國史的輝煌燦爛，和中華文化的博大精深。

中華民國年鑑

最近讀到民國五十九年度的「中華民國年鑑」，覺得其內容翔實，資料豐富，可以作為一般國民瞭解當前國家情勢的基本參考工具，因略為介紹。

中華民國年鑑歷年均有出版，五十九年版仍採十六開本，主文七二〇頁，連同主文前的文圖，近八百頁。主文前有　國父遺像，國旗、國歌，總統、副總統及五院首長玉照，憲法全文，總目及細目，和全國地圖。

全書分十二篇，八十三章。各篇依序為總論、復興基地、政黨、國民大會、政府組織及其職掌、外交與僑務、國防、民政與邊政、國家經濟、教育與文化、民間活動、和大陸概況。附錄中有近二十年國內外大事記。

本年鑑的取材，以政府會計年度為準，即自五十八年七月一日起，至五十九年六月卅日為止。各項統計數字與資料，都以此爲截斷期。內容以「記述一年來國家政治、經濟、教育、社會各方面實際情況」爲主。編輯的要領是「行文力求簡潔」，同時，「有關國家機密及缺乏參考價值之資料，概從省略。」

前兩篇「總論」與「復興基地」，綜述我國歷史與文化，地理與領土，行政區域，人口，經濟資源，宗教；及台澎金馬之現況，不啻爲全書之綱領。提要鈎玄，頗得大體。

其餘各篇中，以第五篇政府組織及其職務所佔篇幅最多（一六九頁），其次爲第九篇「國家經濟」（一二九頁）。政府篇是依政府制度、總統、國家安全會議，繼之以行政、立法、司法、考試、監察等五院的工作爲序。譬如立法院在上年度制定或修訂了二十九種法律或條約的條文，都可在此找到。總統的國慶與元旦文告等，行政院長的施政報告等，也都分見有關各章。經濟篇則有財經決策、預算決算、國庫、稅政與糧政、金融、外滙、國際經濟合作、土地改革，以及工農商礦和電力水利等重要工作的全面說明與統計。

上年度舉辦中央公職人員增補選與臺北市議員選舉，見本年鑑第八篇「民政與邊政」，這是到目前爲止我們所看到的關於這兩樁大事最爲完整而具體的報導。

第六篇「外交與僑務」中，一一列舉我國與七十多個國家的關係，文字雖極簡略，但因係各別敍述，這樣的材料在別處似亦不容易找到。

六十年三月十二日

幾點建議

廣義而言，一切書籍都可以視爲參考書；因爲每一本書裏都應包括有某種質量的知識在內。但嚴格地說，所謂參考書或工具書者，必須是能系統化地提供資料，使讀者能夠迅速地查到他所需要的答案。最具體的例子，如字典、辭典、百科全書等，都是適應這一原則的。年鑑旣屬於參考書，其目的不在使人從頭到尾去閱讀欣賞，而在於讀者在有問題的時候，可以很迅速地找到答案。

美國圖書館學名家溫契爾女士 (Constance M. Winchell) 與蕭爾斯 (Lotis Shores)，對參考書的使用、選擇，都曾有專書論列，他們對於參考書的價值如何判斷，提出幾個標準，即：一、內容的權威性；二、內容的範圍；三、處理資料的態度；四、排列資料的方法是否系統化；

五、形式與排印是否便於參閱；和六、有何特點。關於這兩位學者的高見，我曾據以寫成「如何選擇參考書」一文，作較詳盡的說明，今已收入「知識的水庫」一書中。

根據他們所定的標準，來看「中華民國年鑑」，大體上可謂滿意。不過，關於內容及形式方面，願提出數點拙見。

第一、年鑑各文均不署名，亦未指明資料之來源，就權威性而言，似是美中不足。此事似可在緒論或編後中表而出之。

第二、按各國國家年鑑之例，對國家元首的傳略多設有專章，以示尊崇。建議年鑑中可編入國父、國府主席及行憲以來 總統之傳略，以明法統之一系。如果能編入歷代帝王年表則更爲理想。

第三、本年鑑開本稍大，參閱摘引尙有不便，最好將來考慮改爲較小之版本，如英文中國年鑑較易使用。若因篇幅過多，則可改裝爲上下兩卷或三卷一部。

第四、爲期使用便捷，增加索引仍有必要，惟此事工程浩大，所增篇幅固不多，但所需人力必極爲可觀，要請審愼策劃。

中華民國年鑑係由正中書局經售，精裝本二百五十元。

六十年三月十三日

時代的代言人

去年秋間，作客紐約。旅途中知道了雷馬克逝世的消息，不禁一悲；讀到了索茲尼欽榮獲諾貝爾文學獎的新聞，又不禁一喜。索氏是在巴斯特納克之後得到了獎而被迫不能領獎的第二人。巴斯特納克的「齊瓦哥醫生」後來在蘇俄境內總算還出版過。索茲尼欽的重要作品，直到今天仍然是鐵幕之內的禁書。他大概是唯一獲得諾貝爾獎金而看不到自己作品出版的作家。

關於索茲尼欽 (Aleksandr Solzhenitsyn) 其人，我寫的第一篇介紹是在民國五十六年七月間。五十七年六月十五日，三三草有一篇「病房與鐵幕」介紹他的新作在西歐出版。我當時所根據的是國外的報導。在他得獎之後，材料自然多了，可是，我覺得這時候最應該做的事是讀他的作品。從作品中直接去瞭解他的心靈。

諾貝爾文學獎是以作家而非以某一部作品爲對象。但是，索茲尼欽之得獎主要是由於兩部小說：「癌症病房」與「第一層」。這兩本書的英譯本台北早都有了。

「癌症病房」這本書，我讀了幾次都無法終卷，不是因爲他寫得不好，却正是因爲他寫得太好，使人時時有一種「壓迫感」。西方評論家認爲索茲尼欽在俄國文學史上將可以與杜斯托耶夫斯基媲美，也許就是由於這本書的緣故。「癌症病房」的中譯本，由楚卿先生譯出在「文藝」月刊上連載，楚卿是一位優秀的小說家，當能體會到原作者那種沉鬱而又倔强的心情。

「第一層」(The First Circle) 的譯名當初曾有人譯爲「第一循環」，這也很難怪，因爲當時大家都還沒有讀到過全書。作者的本意是說，在莫斯科郊外有一座專門囚禁知識份子的集中營，關了二百八十一個犯人，「好比是地獄的第一層。」

俄國人寫的小說一般都很長，「第一層」亦復如此。英譯本出於惠特尼 (Thomas P. Whitney) 之手，共八十七章，五八〇頁。影印本字小行密，如果譯成中文，我估計可能將近六十萬言。「中華雜誌」上發表一位李先生的譯文，每期兩三頁，似乎少了一點兒。

索茲尼欽本人住過癌症病房也住過集中營。但是，在他的筆下，那樣愁苦悲慘的境遇，並沒有使他的求生意志和反共決心稍受挫折。特別是在「第一層」這本書裏，他所表現的對於共產暴政凛然無懼的風骨——有時且流露出輕蔑與嘲笑——證明他眞無愧於自由的鬥士，時代的代言人。

六十年五月十四日

第一層的控訴

「第一層」的人物，除了那二百八十一個囚犯之外，還有法官、獄卒、秘密警察，以及原來是共產黨員和秘密警察，「失寵」之後也被關進牢獄裏邊的人。書前面列有主要人物表，數一數共得四十七人。

全書八十七章之中，有四章是專門寫史達林的。其中有一段描繪史達林的猜忌與殘刻。索玆尼欽說：史達林不相信他的母親，不相信上帝（雖然他幼年受過十一年的神學教育），不相信共產黨「同志」，尤其不相信那些滔滔善辯的黨員。他不相信從前一起流亡的難友。不相信農民會播種、耕耘、收穫（除非有人強迫他們，而且要經常有人檢查）。不相信工人肯做工（除非有人替他們先定下生產模式）。他不相信知識份子會不造反。更不相信士兵和將官們肯打仗（除非在他們背後有機關槍押陣，不打仗立即槍決）。他不相信親朋故舊。不相信妻子、情婦、和兒女。「結果竟證明他這種猜疑的態度是對的。」因爲他實在沒有人可以信託，人人都恨他，反對他。

史達林在世界上只相信一個人。那個人和史達林一樣，無論是對於敵人和朋友一律施展欺騙的手法。那個人便是希特勒。爲了這一段友誼，「史達林幾幾乎丟了他的一條老命。」

還有一段說：「一個人絕不能拿出全副精力來爲史達林工作。部屬執行他的命令不力，史達林固然不能寬恕；可是如果有人眞能執行得十全十美，他更要恨之入骨。他認爲，那樣一來就顯不出他的偉大來了，除了他自己以外，不可能有任何一個人能够做出沒有瑕疵的事情來。」

「正如神話中的麥達士王手指一點，萬物都會變成黃金一樣，史達林可以把萬物都變成庸碌凡俗。」

在鐵幕以外，把史達林的「特色」如此活生生地描寫出來的作品也許有過，但是，在蘇俄境內能寫下這樣的作品就太不容易了。這不僅需要藝術上的技巧，更需要堅忍卓絕的道德勇氣。巴斯特納克在「齊伐哥醫生」裏不過是批評了一九一七年前後赤色「新貴族」的作威作福，蔑視人性；索兹尼欽則是第一個俄國作家，敢於振筆直書，嚴斥史達林本人的罪惡。

「第一層」將是一本必傳之書。史達林儘管是一個掌握著億萬人生殺之權的「大獨裁者」，他的罪狀不僅受到其「弟子」黑魯雪夫和他的女兒史薇拉娜的指責，更將因索兹尼欽的刻劃，隨著

堅忍與光華

「第一層」裏刻劃了人間淒苦陰森的一面，集中營裏暗無天日的生活。但是作者索茲尼欽同時也寫出了人性的堅忍與光華。囚徒們的妻子「探監」的那幾章，寫得眞是震撼心絃，從極細微處寫出了善良的心靈之不可征服。

書中主角之一納辛，我猜想便是作者自己的寫照。第三十五章寫道，莫斯科因爲要擧行一次「選擧」，所以要把這些政治犯遣配到別處去以點綴「昇平氣象」。在此前夕，納辛的妻子娜亞送來一條毛巾，裏面縫著一個小紙條，上面寫著：

「我最愛的人，無論分別了多少年，無論我們經歷了多少風霜挫折，你的女人祇要一天活在世上，對你就永遠是忠實的。他們說，你們那批人又要送走，送到遙遠的地方，使我們又要有多年不得相見，甚至於隔著鐵絲網偷偷地相望也不可能了。如果有任何權宜之計可以使你在悲慘絕望的生活中稍稍減輕一點兒負擔，唉，怎麼說好呢，親愛的，我同意，我甚至於堅持——你不要再對我忠實，去找別的女人吧。無論如何，你最後總會回到我的身邊，會不會？」

男人不怕死，女人不嫉妬，寧願爲對方忍苦犧牲，愛到如此地步，弱者亦自有其不可侮的一面。

在第五十五章，一個蘇俄官方的幹部，讀到他亡母的日記。其中有這樣的話：

「憐憫，是善良靈魂的第一個作用。」

「永遠不要認爲你自己比別人都對。尊重別人的意見，卽使那些意見與你自己全然相反。」

「世界上最寶貴的東西是甚麼呢？不要參與任何不公不義的事。它們比你强。它們過去就存在，將來也仍然會存在。但是，不要讓它們改變了你對人生的信念。」

這些話與那個青年在共產黨體制之下所受的教育與訓練，恰恰處於針鋒相對的地步。太老式了，太可恥了，但是，這些話仍能喚醒他的良知，那樣平凡的話使他震驚。以前，他相信的眞理是「人祇有一條命」；然後，他感覺到另一種新的法則，「人也祇有一個良知。」良心壞了，正如生命死亡，是無法恢復的。

「第一層」像這樣的例子很多，這是從人性的根本處反共產，反極權。這樣的作品可以使自

一九一四年八月

蘇俄作家索兹尼欽自從獲得一九七〇年諾貝爾文學獎之後，受到俄共當局多方的壓制。他的共產黨員與「蘇俄作家協會」會員身分都早已被開除，他不准講演，不准敎書，不准接見賓客，尤其是外國的訪客。他所有的作品都不准在蘇俄境內發行。事實上，他隱姓埋名住在遠離莫斯科的鄉間——據說是某農家的舊車房裏，形同軟禁，與世隔絕。

索兹尼欽過去在他的作品中曾一再表明他的人生觀；他說，一個人到了一無所有，一無所求的地步，也就是他最勇敢、最堅强的時候，「因爲他再沒有甚麼可以損失了。」這話也正可以作爲他自己生活實況與心理的寫照。

在二十世紀的文壇上，索兹尼欽與巴斯特納克同爲俄國偉大的作家。他們都具有人道主義的悲憫情懷，因而他們都是反抗共產制度、輕蔑共產黨徒的。他們都曾是諾貝爾文學獎的得主，但都沒有能親身領獎。在贏得了文學世界中的最高榮譽之後，他們都受盡了人情所不能堪的坎坷際遇。巴斯特納克悒鬱以終，早已作古；索茲尼欽則仍倔強地活下去。他們「拒絕」前往瑞典領取諾貝爾獎的理由也有不同。巴斯特納克是爲了保護他的情人的安全，在黑魯雪夫的壓力之下聲明不願受獎。索茲尼欽則是因爲蘇俄當局告訴他，如果他去領獎，他便永遠不准再回蘇俄。他滿心憎恨共產統治，但他仍然強烈地熱愛俄國。他不肯付出「老死異鄉」的代價去換取諾貝爾獎的榮譽與鐵幕之外的自由。這種心理是常人所難以索解的。有六萬美元的獎金在手，他到世界任何地方都可以過得比被軟禁好得多。但是，他不。

作爲一個偉大的作家，索茲尼欽雖在重重壓迫之下，始終不肯放下他的筆。最近一年間，他又完成了另一部小說：「一九一四年八月」（August 1914），這是一本歷史小說，主要情節是在寫第一次世界大戰末期，帝俄軍隊爲普魯士擊敗的經過。他認爲這一期間乃是俄國近代史上最重要的轉捩點，由於沙皇王朝的喪師辱國，乃埋伏下列寧領導布爾雪維克革命，使俄國成爲第一個共產國家的禍根。

索茲尼欽鑒於他的作品已不可能在蘇俄出版，所以他同意正式授權給巴黎的某出版家，在歐洲發行「一九一四年八月」的俄文本。過去他的書在鐵幕以外出版，都是出版家自行決定（嚴格地說，也是一種盜印）。這次索茲尼欽毅然以版權出讓，這是需要很大勇氣的事——照俄共的法令，這樣做是可以照「叛國」治罪的。好在索茲尼欽已是生死置之度外的人，他要對自己的信念與作品負責，共產黨們的迫害，在他看來已經不值一笑。

六十年七月二日

三部曲之一

索茲尼欽的小說，都以人在「極端特殊」的環境中的行爲思想爲主要題材。三三草中過去談過的「地獄第一層」，寫的是集中營裏知識份子的遭遇；「癌症病房」是以病房中的悲慘歲月作爲整個共產俄國的象徵。「一九一四年八月」這部小說則以戰地烽火爲主。從「時代」週刊上讀到摘譯的節略，覺得作者一面保留了他向來的風格，同時更能超越乎現實的愛憎之外，從歷史的時空間架之中，去追求心理的刻劃、景物的描敍、與夫藝術價值的完美。西方評論家對於他這本新著評價極高，有人更稱之爲「索茲尼欽的戰爭與和平」。

索茲尼欽計劃以現代俄國史爲題材，寫成三部曲式的長篇小說，「一九一四年八月」是其中的第一本。作者形容寫成這部大書是他「一生之中的主要工作。」他在此書完成之後慨嘆說，

「我現在正朝向目標做去，我深恐為時已遲。怕的是去日無多，歲月不居，又怕我的創造性的想像力衰退，不足以完成這部需要二十年才能寫完的作品。」

索茲尼欽的作品，承繼了托爾斯泰與杜斯托耶夫斯基等大文豪的風格，規模宏大，頭緒繁多，而又以探索心靈深處為擅長。「一九一四年八月」篇幅與「第一層」相去無幾，寫的時間背景一共祇包括十一天之間發生的事——帝俄大軍在東普魯士的慘敗。那一戰役以一九一四年八月廿九日夜間，俄軍在坦尼伯格潰敗為高潮。作者費了許多筆墨，描寫俄軍主將薩森諾夫(Alexander Samsonov)面臨生死難決之局勢時，終於伏劍自裁的經過。薩森諾夫是歷史上的眞實人物，「他心地善良，滿腔熱血，結果卻把事情弄得一團稀糟。」索茲尼欽書中的一個主題是：人們單單有善良的動機與意願，是不够的。單靠良好的意願並不足以改造世界。

這本小說之不能見容於俄共，除了索茲尼欽是「危險人物」這個理由之外，可能還有兩個原因：一是作者對歷史與人生的看法，與俄共的「御用教條」不合。其次，是他的宗教感與共黨的無神論不能兩立。譬如作者寫到戰場上的森林，「它既不是德國人的，也不是俄國人的，而是屬於上帝的，森林庇護著上帝所有的子民。」

索茲尼欽刻意描寫了薩森諾夫自殺以前的心境，他要擺脫肉體的負擔，惟有如此才可以獲致眞正的自由，「就好像吸進第一口新鮮空氣一樣。」這種超越乎塵世生死觀念以追求精神力存在

遠來的書

前幾天，忽然收到由西班牙用航空寄來的一本書。書是當代名小說家雷馬克的「里斯本之一夜」，寄書的人則是一位從不相識的讀者，一位去國萬里，心念鄉邦的中國人。

這位先生在扉頁上寫了一封信給我說——

「讀『奈何天』卷首代序，分析為何中國讀者熟悉雷馬克有感，特寄上其最後作品『里斯本之一夜』供欣賞……雷馬克在創作思想成熟高峯時去世，令人惋惜。但對經常探討生死之謎的雷氏本人，死亡或亦是存在的另一形式。如能將此書譯為中文，不僅是對於這位道出流亡者心聲的不朽作家之紀念，同時對淡淡哀愁籠罩下的國內文壇，亦不失為清新的西風一陣……」

已於一九七〇年作古的雷馬克，出生於德國。他在一九二八年發表的「西線無戰事」，被當世文壇稱譽為「最偉大的戰爭小說」。那本書銷售了四五百萬册，奠定了作者的不朽聲名；一般都認爲他是在托瑪斯・曼以後最了不起的德國作家。

雷馬克一生寫了十部小說，有好幾種都已譯爲中文。「奈何天」是第九本，我是在香檳讀書時，利用課餘時間譯出來的。近由晨鐘出版社印行。我沒有想到這個譯本竟然會被遠在西班牙的中國朋友讀到。

在「奈何天」的代序中，我寫的一段話是這樣的：

「對於中國讀者，雷馬克是一個熟悉的名字。這主要是由於他作品中所選擇的主題與我們的生活經驗最爲貼切，戰爭、暴力、流亡，以及一切價値錯亂迫使人不復爲人的悲劇。雖然他作品中的人物、故事、背景，都離我們很遠，可是，透過他的觀察與感受，使我們會起天涯若比鄰的感覺。」

遠道寄書來的朋友，與我同起共鳴者當卽指此。我一面感激這位夙昧平生的友人贈書的盛意，同時，也爲了文字流傳如是廣遠而感到一種分外的親切——人，是渺小的，但文學卻是偉大的事情。雷馬克的一本書，可以使遠在天涯的人成爲朋友，形隔而神交，這不是很奇妙的事嗎？文學作品——當然是指好的作品，其感染力流露於有意無意之間，讀起來非僅是一種「敎化」，也的確是一大「享受」。

六十年三月廿八日

里斯本之一夜

「里斯本之一夜」(The Night in Lisbon) 是雷馬克的最後遺作。這本書的完成，略後於「奈何天」，也是一九六一年出版的。原來的出版者是哈考特・希瑞斯・世界書局，後來又由佛西特世界書局印行了紙面袖珍本，我所讀到的便是這紙面本。

全書共分十八章，二〇八頁。大約二十萬字的內容，講的是一九四二年某一個夜晚發生在里斯本的事情——當然，實際涉及的情節，不止是一夜，也不止是在里斯本。

這本書在寫作技巧方面的一大特色——即在雷馬克本人的作品中，也要算得是十分特殊的一點——如此規模的一個長篇，主要完全靠「對話」來完成。故事情節的開展，人物的刻劃，心理的描繪，完全自對話中透露出來。這是一種大膽的嘗試。雷馬克過去的作品以簡鍊峭拔見稱，「里斯本之一夜」更把這種風格推進了一步，場景的轉移，都在對話中交代，「洗」去了許多穿揷與枝節，所以讀起來更令人有一種「不可須臾離」的緊迫之感。

大家都知道，雷馬克自一九三九年離歐赴美，一九四七年取得美國國籍，並與電影明星寶蓮・高黛結婚；不過，在他的寫作中，始終仍保持着德國作家的特色。而且，他所有的作品都是用德文寫成的。「里斯本之一夜」的英譯本，出於曼漢姆 (Ralph Manheim) 之手，名作名譯，的是不凡。

里斯本是葡萄牙的首都，二次大戰期間一個「中立化」的港口。納粹的勢力與自由鬥士在那兒明爭暗鬥，更多的是由各國流亡而來的難民，他們都渴望能得到一張船票逃離歐洲。「里斯本之一夜」便是在這種背景之下寫成的。

在我的記憶中，雷馬克從來沒有用過第一人稱寫小說，這本書却是用「我」來開始的。但「我」祇是一個配角，另一個「我」，也就是書中對話的主要發言者史華玆，才是貫串全局的主角。史華玆與雷馬克一樣，也屬於反抗希特勒的德國中產階級，史華玆在逃出了德國之後，漸漸發現他不能讓他的妻子留在德國，獨受其苦，於是又利用假護照冒生命之險，回到德國去營救他的妻子。書中沒有轟轟烈烈的場面，但却在細微末節之處，顯示出驚心動魄的力量。生命、自由、愛情，人之所以爲人的尊嚴感，都由此而獲得新的肯定。在戰爭的陰影下，有萬古沉哀。

六十年三月四日

深一層的悲哀

一本好的小說，不一定就是一本暢銷書，文學史上這種例子極多。雷馬克的「里斯本之一夜」是相當好的小說，而且也曾相當暢銷過——出版後曾列入十大暢銷小說的名單上一連五個月之久。「出版人週刊」評介這本書說，「懸疑之處，令人喘不過氣來。」紐約時報的書評說：「精彩絕倫，感人難忘……是描敍我們這個時代最爲引人注目的作品之一。」費城詢問報特別讚美雷馬克的萬鈞筆力，「把現代世界的恐怖與紊亂，如此集中地描繪出來，發生了驚人的效果。」美聯社也爲此書發過電報，稱許它是充滿了「高壓電一般的緊張……雷馬克在一面恐怖之網中間，捕捉到一個强有力的愛情故事。」

身經兩次大戰的雷馬克，其寫作題材與戰爭似乎無法分開。有好多位書評家都曾引用到雷馬克的名句，「曾經生活在戰爭中的人，即使他們能僥倖逃過砲彈，仍不免爲戰爭所毀滅。」在「里斯本之一夜」裏，雷馬克寫的不僅是戰爭的恐怖，生與死之間的懸宕，更寫出了人在面對這種恐怖與懸宕之時凛然無懼的尊嚴。人，的確有害怕的時候，但是，人的理知與尊嚴使他能够不向暴力低頭。

他所寫出的愛情是如此之深沉，勇氣是如此堅强，信心是如此之不可搖撼，納粹暴政誠不足懼。因此之故，巴克罕 (John Barkham) 在星期六評論上以及別的評論家們發表的意見，都認爲「里斯本之一夜」是雷馬克多年來所寫的最好的一本作品。

但以暢銷的情況而言，「里斯本之一夜」遠不及「西線無戰事」，也趕不上「凱旋門」。爲甚麼呢？二次大戰之後的世界局勢變化得太劇烈了。舊的創傷未癒，新的威脅又來，共產主義對人類的禍患又比希特勒嚴重十倍百倍，就此而言，雷馬克似乎也趕不上時代了。

其實，雷馬克的精彩處，猶不止技巧和筆力，更不僅乎是反抗納粹極權的思想，而是他能洞徹現代人的悲哀，在「里斯本之一夜」裏就有這樣一席話——

「一個不能在任何地方停留的人，也就永遠不能生根。那就是難民。或者是行乞四方的雲遊僧侶。或者是現代人。這個世界上的難民，遠比你想像的要多得多。其中有許多人從來沒有離開過他們的家鄉。」

這種「無根之感」，在現代人——或至少是在現代西方人的心裏，是很普遍的。雷馬克的書，便是向深一層處去探索這種孤岑落寞的悲哀之根源。

六十年三月五日

愛情故事

「愛情故事」這本書，似乎會在我們這兒轟動一陣子的。從報上的廣告看來，至少已有三種中文譯本。其中黃驤先生的譯文在國語日報上連載過，由純文學社出版；另外兩種目前尙未見到。

這本書如此受到重視，當然第一是因爲寫得實在不錯，風格淸新，別有一番滋味。而譯本多至三種，我猜想，也許是由於原著文字簡潔，篇幅無多（原文廿二章，一三一頁），無論在譯者或出版者都比較不太吃力。這本書在美國已經銷售百萬册以上，根據此書改編的電影更是轟動一時，對於奄奄一息的好萊塢幾乎有「起死回生」之效。這樣的一本書可說是兼有文學價値與生意眼的。

「愛情故事」原作者西格爾（Erich Segal），現年卅三歲，是耶魯大學比較文學與古典文學的教授，他本人與「愛情故事」中的男主角一樣，出身於哈佛。過去寫過電影劇本，就寫小說而言，「愛情故事」是他的處女作，就此一鳴驚人，可謂賢者無所不能。

此書從書名到題材，乍看起來都很俗，但能寫到如此不俗，的確是有一番功力。我特別喜歡他的對話，我想這與他過去寫劇本時所受的磨鍊大有關係。

「我」是就讀於哈佛四年級的富家子弟，「她」是瑞德克里弗——也就等於是哈佛女校音樂系的學生。「我」是富而騃，「她」是貧而慧，結果他們竟因互相譏嘲而相愛、而結婚。婚後一塊兒過苦日子，「我」立志擺脫父親的接濟，自己去闖天下，「她」不幸病死——此書開頭第一句話就是，「當一個二十五歲的姑娘死去了，你有什麼話好說呢？」最後，「我」與父親重新獲得諒解。「於是，我做了我從來不曾在他面前、更不必說在他懷抱中做過的事。我哭了。」

這不僅是一本描寫青年男女歡情的作品；在愛情之外，作者同樣著力地寫出了兩代間的差距，他並不存心把青年刻意描寫得如何純潔無私，如何至高無上，但他清清楚楚地反映出青年人的想法與態度。我不喜歡他筆下的描繪，兒子說老子是「石頭臉兒」，是Stonovabitch（太粗鄙狂悖，令人不忍譯出了）；但是，我也承認那個身爲銀行老闆，習於用鈔票來表達感情的父親，的確不是一個可愛的人物。

學者兼作家

「愛情故事」的作者西格爾，是一個學者而兼作家。在他從哈佛大學的文學研究所畢業之後，有一段時期是以寫電影劇本爲主業，作品中包括爲披頭上銀幕而寫的「黃色潛水艇」；近作則有一部 R.P.M.，這三個字母代表的是「每一分鐘都在革命」Revolution Per Minute，由安東尼昆飾演一位大學教授，演出了美國大學學園裏知識份子因價值混亂所面臨的難局。

根據「時代」週刊最近的報導，西格爾對於作爲一個學術工作者的責任，並未因文學創作而放鬆。他在三月初飛到佛羅里達州，參加一次古典文學教授們舉行的「喜劇精神」研討會；四月初，他要參加美國比較文學聯合會在耶魯舉行的年會，並登記在討論翻譯問題的小組討論會中提出報告。「愛情故事」改編成電影之後，三月中旬在倫敦舉行御前首演，英國女皇伊莉薩白二世特別邀請他蒞臨觀禮。但被西格爾婉謝了——那一天是禮拜一，正是他應該在耶魯上課講授古典喜劇的時間。這樣看來，西格爾算得是一位很負責的老師。

在完成了「黃色潛水艇」那個劇本之後，西格爾曾表示，「我現在的經濟情況很不錯，很可以在好萊塢的游泳池裏泡泡，寫寫電影劇本，優遊歲月，遣此餘生。但我並沒有那樣做。我不過那種安逸的生活。到現在，晚上下了課之後。我仍然常常在我的小廚房裏自己燒香腸和豆子以充晚餐。」不以物質報酬的厚薄影響其工作的方向，西格爾不失爲一個有道之士。

近三年來，西格爾完成許多學術方面的著譯，他爲學術性刊物寫過幾篇書評，編了一部有關希臘悲劇詩人尤瑞佩達士（Euripides, 480—406 B.C.）的論文集，翻譯了羅馬劇作家普拉德士（Titus M. Plautus, C254—184 B.C.）的三個劇本。又完成了一部論著，研究二千四百年前的喜劇寫作，從希臘劇作家亞理斯多芬尼斯（Aristophanes, C448—385 B. C.）一直到前兩年才獲得諾貝爾獎金的貝凱特，都是他討論的對象。

所以，西格爾雖因第一部小說「愛情故事」而名利雙收，但他並不止於是一個流行作家而已。他的名聲是靠他埋頭苦幹、多方面的成就而來。實至而名歸，西格爾可以當之無愧。

六十年三月廿日

無成見，渴望研究這個問題而又不知如何著手。他們未必都幸而有一個像謝君這樣熱心的筆友，他們該怎麼辦呢？費正清的書及其立場，大家都知道了，但在美國許多大中學校裏却都把它當做研究近代中國問題的入門書，我們該怎麼辦呢？

書不是急切間一抓就來的。甚至於提供一份富有時宜性、內容均衡、立場正確的書目也不容易。而且要顧及到對方的能力、需要和興趣。單單爲了介紹中華民國的現狀，「英文中國年鑑」（臺北中國出版公司編印）比較完整。個別的介紹名著，國父的「三民主義」；總統的「蘇俄在中國」都已有英譯本。薛光前博士主持的聖若望大學亞洲研究中心近年出版過好多種重要的書籍，如梁敬錞著「辛亥革命」和「九一八事變的陰謀眞相」，謝然之編「國民黨一八九四年至一九六九年歷史文件選譯」，和薛光前編「艱苦建國的十年」，對於瞭解今日中國問題，特別是中華民國的立場，都有重大的貢獻。

但是，這些書都是學術性著作，而且偏重歷史性，其時宜性與普及性是不够的。這些書的對象是專家學者而不是普通中學以上程度的人。所以，我認爲，今天要談國民外交的推動，至少應該投下比「組團訪問」更多的力量，鼓勵有關中華民國現況的英文書籍的著述與出版。這影響太大，而我們過去以至現在，對這方面的工作太忽視了。

六十年三月廿一日

以學術對學術

由於國際情勢的若干變化，國內外的中國知識份子本乎「天下興亡，匹夫有責」之義，對於今後應該如何增進國際間的瞭解與合作，伸張民主自由與正義，乃特別感到關切。前些日子，有一次座談會中也談到這個問題。有的朋友對於國際間的所謂姑息份子如費正清等人頗多批評。我個人認爲，單單批評與指責是不够的，自由中國的學術界必須憑自己的眞知灼見與理知的判斷，提出學術研究的成果來，用事實與證據作爲議論的基礎，用冷靜客觀的分析代替激動的辯駁。用一個問題接一個問題的解答，爲大是大非做證。學術有其獨立的尊嚴，不是政治的附屬品，但是，學術亦絕不坐視事實受到歪曲，眞理受到誣蔑。學人對於政治上的波詭雲譎可以無動於中，但是，對於事理之眞，是非之辨，却不能不憑其硏究之所得提出見解。這也正是一個國家之所貴於學術界者。

去年秋天大雨中到波士頓，在哈佛廣場前瀏覽，無意中買到了一本「現代中國研究國際公報」。由此一小小書目，亦略可窺見國際間對於「現代中國」這個題目所下的工夫。這類工作可能是我們應該注意的。

「現代中國研究國際公報」(Modern China Studies International Bulletin) 預定每半年出刊一次，我所買到的是一九七〇年八月出版的第一號，卅二開本，八十七頁，每册美金二元五角。全部內容都是博士論文和研究計劃的提要。四百廿七篇論文。每一篇都與現代中國有關。

這份公報的出版，是倫敦的「中國季刊」、倫敦大學東方與非洲研究所、和現代中國研究所協力而成。英美兩國間有一個現代中國研究聯絡委員會，公報的編印，則是透過這個委員會，取得設在紐約的社會科學研究委員會給予的財務支援。事實上，這是英美兩國一部份學術界人士合作的結果。實際負責的主編是基松 (Jill Kitson)，還有一位顧問編輯威爾森 (David C. Wilson)，也就是中國季刊的總編輯。

「公報」的第二號，已定於一九七一年二月出版，內容與第一號大體相同，仍以論文提要爲主。第三號則定於一九七一年八月出版，從第三號以後，將增加有關現代中國研究的各種會議和學人動態的報導。這份「公報」目前的銷路是多少一時無從知曉，但從其收羅範圍之廣來看，在國外研究現代中國問題的人們，將會予以相當重視。

六十年一月十五日

四百多篇論文

「現代中國研究國際公報」所收四百二十七篇論文的提要，其來源包括二十個國家或地區的大學與學術機構，卽澳大利亞、比利時、加拿大、中華民國、捷克、法國、西德、香港、印度、以色列、義大利、日本、大韓民國、荷蘭、紐西蘭、菲律賓、新嘉坡、瑞士、英國和美國。大部份國家都祇有一兩個大學提出，最多的是美國有六十二家，英國十家，日本九家，西德七家。中華民國則祇有中央研究院一個機構。

由於每一研究機構提出論文提要的數目不等，所以，以上的統計尙未盡能反映各國研究情況的全貌；如果一篇篇來算，美國方面提出的作品恐怕要佔半數以上。

中華民國雖僅有中研院提出了論文，但這並不表示中國人對於現代中國的研究沒有興趣、沒有成績；從提要所列的姓名看，其中恐怕有五分之一的作者是中國人，這些人都分散在國外各地從事教學研究或正在深造之中。所謂「人才外流」，由此也可看出一些端倪來。

現在再來說明「公報」的內容：

全部內容分爲二十個單元，依每一部門英文字母的順序排列先後，分爲：①人類學與社會學；②藝術；③書目；④傳記；⑤經濟與技術；⑥教育；⑦外交關係；⑧一般；⑨地理；⑩歷史；⑪香港；⑫文化史；⑬語言與文學；⑭法律；⑮軍事；⑯華僑；⑰政治；⑱宗教；⑲臺灣；⑳其他（這一類是由於收件過遲，不及分類的）。在這二十類別之中，以政治和外交關係爲最多，歷史、傳記也不少。「文化史」的項下略嫌蕪雜，語言文學類內偏重語言，眞正文學研究的論文似呈貧乏。二十個類別裏沒有哲學，乃不得不將「譚嗣同及其仁學」這樣的題目歸入語文類，顯失妥適。

在沒有讀到論文的全部內容之前——事實上，這裏邊有若干篇是正在寫作過程中，祗有預定完成的時間，等於是事前「報備」，我們無法衡量其研究的成就究竟如何。但因提名的各學府與研究機構本身都有其水準，博士論文的寫作非泛泛可比，總是要花幾年時光，下一番研究，由此可見今日各國學術界對於現代中國關切的情形。譬如有一篇題名「臺灣」的論文，作者巴克索瓦（Ivana Bakesova），是由捷克科學院提出的。別人對我們如此下功夫，且不論他是說些甚麼，我們自己的學術界能不多在這方面努力嗎？

六十年一月十六日

拿出東西來

治學當以書目爲始。所以，凡是要研究問題，首先要將對此一問題有關的文獻和資料（西方人稱爲 Literature 和 Data），收集起來，不足之處或前人未能解決之處，便需要研究者自己去解決。「現代中國研究國際公報」便是一份新的書目，不過其收容的範圍是以最近完成或即將完成的博士論文爲限，普通的單行本或論文皆不在其內。

據「公報」的顧問編輯威爾森說，這一公報的出版，目前還是一種「試驗」，目的在使全世界對於現代中國各種問題有興趣去研究的人員能得到參考之便。最近幾年來，研究現代中國的人數激增，這是一種可喜的現象，但也因此帶來了若干的困難：第一、一個研究人員比從前更難獲得足够的資料，去瞭解在世界上別的地方的學者對於同一題目進行研究的情況。第二、由於高級研究人員近年的流動性遠較過去增加，一個研究人員有時「慕名」到某一大學去深造，有意向某一位大師門下請益，結果却發現那位先生臨時到別處去了。「公報」的主要任務，是希望能夠解決這兩個困難，使專門致力研究現代中國問題的人，能够得到最新的消息，以瞭解在這個圈子內的一般動向。

這份「公報」既然以國際爲著眼，則對於論文提要的去取範圍，可能與我們的想法未必完全一致。舉例來說，在「傳記」一類中，有人研究梁啓超、蘇曼殊、戴季陶、徐志摩、朱執信、章炳麟、蔡元培；有人研究袁世凱、段祺瑞、江亢虎、吳佩孚；也有人以毛澤東、劉少奇、林彪等匪酋爲論文的題材。

以色列希伯萊大學亞洲非洲研究所，有一位席福林先生（Harold E. Schiffrin），寫了兩卷國父孫中山先生的傳記。

所以，我們應以學術性的參考工具書來看這份「公報」。其主編人歡迎世界各國研究現代中國問題的人與他們聯繫；他們有一張固定的表格，列有提出論文的人的姓名、通訊處、大學系所或研究機構的名稱，論文的題目及內容的提要，還要說明這是不是一篇博士學位論文，以及其預定完成的日期等。論文用何種文字，雖未有說明，猜想以英文爲主可能是他們的要求。我把這本「公報」介紹出來，希望國內與研究現代中國有關的機構和學者們注意。

從傳記說起

閱讀名人傳記，不僅能增益知識，且能淬勵品德，所謂見賢思齊焉，見不賢而自反焉，潛移默化，變易品質，往往比直接灌輸式的教條更能深入人心。有一位朋友說，他的孩子正在讀高中，很喜歡閱讀課外的閒書，但讀物選擇不當，使他非常關切。他問我有甚麼建議？我覺得十七八歲的人，性格正在塑造之中，極易接受外來的影響。如果在閒書之中多讀幾本古今中外的名人傳記，對他可能有積極性的啓示作用。

在中外文學作品中，傳記是特殊的一格，有人甚至於說：「日記與書信是所有文學中最溫柔的，其次便是傳記。」眞實的傳記，讀起來最容易令人生親切之感。

近二十年來，我國文壇傳記寫作的蓬勃，有幾種雜誌的倡導頗爲有力。「自由談」以山水、人物、思想爲主題；「新聞天地」報導新聞人物往往兼及其傳記；而「傳記文學」則更以全力致之，除了在雜誌上發表之外，又出版了許多單行本，貢獻尤大。雖然其中也偶而有渲染失眞者，畢竟僅是少數。

凡言傳記，皆以人與事爲主，而尤以人爲重。所以，傳記的分類別有章法。照國際圖書館學界通行的規定，一般書籍的編目，作者的姓名最爲緊要，蓋不如此不足以報稱作者嘔心瀝血著述研究的辛勤。傳記則爲僅有之例外，傳記中最主要的是「傳主」(biographee)，而不是作者(biographer)，傳記的編目皆歸於傳主的名下，與一般書籍之歸於作者名下者不同，其主要用意，乃在便於讀者的查考。

歷代名人衆多，傳記資料查考不易，因而有「名人傳記辭典」的需要。這種辭典通常以國家爲界，亦有專以某一時代，某一行業爲對象的，大都也仍以其本國爲限。「名人傳記辭典」不僅是一種重要的參考工具書，同時，更由其本身富有可讀性，不啻是傳記文學集大成之作，與歷史書籍可以相輔而讀。因此，一部編撰謹嚴的名人辭典，就某種意義言，卽是其國史精華之一部分。歷史反映民族生活與精神，人物的傳記卽體現這種民族精神。所以，歐美各國對於這一類大辭典的出版，都極爲重視。我國坊間雖已有此類名目，但都止於一卷頭，內容過嫌簡略。在傳記資料日益豐富，出版事業日益發達的今天，我們似應措意於此。

五九年五月廿二日

英國的例子

在西方各國的名人辭典中，以英國的「全國名人傳記大辭典」(Dictionary of National Biography，簡稱 D. N. B.) 最具規模。這部大辭典中包括了英國自開國以來，以至十九世紀末葉各行各業的名人傳記，共達三萬一千四百八十五人。從帝王將相，學人作家，到藝人巫師，凡是「名」動當時並有相當重要性者，無不網羅。

這部大辭典由史蒂芬 (Leslie Stephen) 和李氏 (Sidney Lee) 主編，倫敦史密斯書店出版。從一八八五年第一卷上市，到一九〇一年才出齊，全部共有六十三大卷之多，一九〇八年曾重版一次，因印的份數不多，現在已成爲很難見到的珍品。從一九二二年以後，改由牛津大學出版社印行，合成二十二卷本。

英國名人傳記大辭典之編成，動員學者專家多人。首先是選擇何等人物方可收入辭典，然後再決定由何人執筆。辭典依「傳主」的姓氏字母先後排列，篇幅長短則依其重要性與生平事蹟的繁簡而定，長者可達洋洋數千言；而考訂週詳，力求精確，儘量做到語語皆有來歷，至於文字的優雅生動，猶其餘事。在特殊重要的人物傳記之後，並附列書目，譬如像莎士比亞那樣的大詩人，在他的幾千字傳記正文中，當然要談到他的生平家世與著作，正文之後並列有更詳細的莎翁傳記書名，以及研究莎翁的學術著述的書目。這對於要做進一步研究工作的人，當然裨益非淺。

一八八五年開始出版的大辭典，自無法收錄一八八五年以後的名人。所以便需有增訂本(Supplement)。自一九〇一年以後，牛津已出過五次增訂本，通常是以間隔十年為期。代代相承，始終不絕。

這部大辭典出版於英國國勢極盛的維多利亞女皇時代。當時，英國號稱國旗不夜，屬地遍佈世界。辭典中所收錄的傳記，也包括其各屬地的人物。

不過，其主編人定下一條規則，大辭典為保持客觀，不收錄仍在世間的名人。譬如維多利亞女皇是一九〇一年逝世的，所以她的傳記要在第一次增訂本裏面才查得到。對於英國人來說，「名垂青史」，便是在百年物化之後，能在「全國名人傳記大辭典」中佔一席地位。究竟是否有資格「進」得去？這是一個名人一生中所接受的最後一次考驗，也可能是最為嚴格的一次考驗。

五九年五月廿三日

兩千多人的合作

美英兩國同文同種，美國早期文化受英國的影響最多，有很多地方都在有意無意之間模倣英國。譬如說，「美國名人傳記大辭典」(Dictionary of American Biography. 簡稱爲D. A. B.) 便完全是因襲英國名人大辭典的形式與風格而來。美國這部大辭典，是由紐約的斯克瑞布納書店 (Scribner) 出版，從一九二八年第一卷問世，到一九五八年才出齊，前後歷時三十年，一共有二十卷。比英國那一部有進步的是，增加了索引。

美國人的一個長處，是他們善於組織，用在學術工作上，便是精密的分工合作。「美國名人傳記大辭典」的編成，背後有一個有力的機構來支援，那便是美國學術團體聯合會。出面主編的是歷史學者詹森 (Allen Johnson) 和馬龍 (Dumas Malone)。

美國雖然廣土衆民，各方面人才輩出。但畢竟開國歷史短暫，所以，在這部大辭典中所收的名人，共爲一萬三千六百三十三人，不及英國大辭典中人數的一半。可是，就爲了撰寫這一萬多人的傳記，美國學者參與其事者竟達二千二百四十三人，平均起來，每個人大概寫六篇傳記。這些傳記的執筆人大多是擁有高級學位，學有專長的專家。諸如人物的去取，乃至每一篇傳記中有重大問題存在時，都由各執筆人參商解決。所以說，美國的名人大辭典在「發揮集體智慧」這一點來說，比英國人更爲徹底。這部大辭典所包含的資料，不僅是研究各別傳記時不可或缺的參考工具，而且顯示了美國這個民族在各方面努力所獲得的成就。

美國名人大辭典也曾出過兩部增訂本，後來又重印過一次，由二十卷合併爲十一卷。進入本世紀之後，美國人用「名人錄」(Who Was Who) 與「時人錄」(Who's Who) 的方式，來接替傳記辭典的任務。這兩種參考工具出版起來遠比編印大辭典容易，所以每年都有新版，使用更爲方便。不過，其內容祇是包括姓名、出生年月、家世、學歷與經歷、著述、重要成就等項。換言之，祇是一本較詳確的簡歷册，沒有甚麼傳記文學的味道了。

名人大辭典的編印，艱鉅處與百科全書相近。這是長期性、集體性的工作。我們目前還無人談這個問題，自更不必談這一工作的推動了。大家且等着看吧。

五九年五月廿四日

美國歷史上最有名的一位大法官霍爾姆斯 (Oliver W. Homes) 曾說過一句不朽的名言：自由主義就是相信觀念的自由；也就是說，測驗眞理的方法，祇是思想本身的權威在公開競爭的場合中能夠被人承認。由此看來，自由的力量，就在於各種觀念自由地交流與公平地競爭。

可是，自由人在異端思想與陰謀之間，必須劃下一條清楚的界線。美國當代哲學家胡克 (Sidney Hook) 寫過一本名著，題目就叫「異端，可——陰謀，不可」。(Heresy, Yes. Conspiracy, No)。

胡克指出，所謂異端，便是對於社會重大問題爲一般人所不接受的觀念或意見。自由人對於一個誠實的異端份子，不論他的見解如何，都時時準備保護他，歷史上曾有許多的異端，到後來被證明是眞理之所在。

但陰謀則截然不同。陰謀乃是一種秘密的運動，用非法的方式以求達到其目的。陰謀如果成功，便要無情地消滅一切與他意見不同的份子。從史達林到毛匪澤東，他們的作爲皆是如此。

所以，胡克說，假如異端被當作陰謀來懲罰，那就是文明的自我毀滅。但如陰謀被當作異端來容忍，自由文明便將毀於敵人之手。自由人要有容忍、尊重、甚至鼓勵不同觀念的雅量，但却決不能容忍陰謀。

日航班機上九個暴徒能刼持一百多乘客，與鐵幕中少數的共產黨徒能刼持億萬人民，其理如一。近時美國若干青年的暴亂行爲，背後所隱伏的已經遠超過異端的觀念，而是破壞的陰謀。以今天的局勢而論，容許自由的敵人以自由爲武器，來破壞自由社會，實在是自由文明最大的危機。

五九年五月十五日

完整的記錄

第三屆亞洲作家會議於五十九年六月在臺北舉行，到現在已經一年多了。這次會議是中華民國的文藝界第一次作主人，主辦國際性的作家會議。當時曾獲得國內文學界、新聞界的熱烈支持與鼓勵，會議更獲得各國代表們的一致好評。也爲我們國家爭取到許多位好朋友，譬如伊朗代表團團長朗尼瑪博士，可能由於歷任駐外使節的關係，派頭很大；大家當時都覺得此公「難伺候」。可是，他回到伊朗之後，到處演講，宣揚中華民國勵精圖治，民氣奮發的氣象。他甚至於建議伊朗民衆，「如果你們要到東方去旅行，東京、香港都沒有什麼了不起，最好的地方是中華民國的臺北。」

那次會議由六月十五日到廿二日，開了一週。出席代表包括亞洲太平洋地區十八個單位一百多人。究竟會議中談了些甚麼？雖然當時各報都以很大的篇幅報導過，究竟尚不能盡其全貌。最近，中國筆會已經將全部的議事錄編印出版。

這本議事錄共二一二頁，十六開本，內容除了國際筆會憲章、林語堂會長的歡迎詞、議題、出席代表題名錄、議程、和中國筆會的介紹等之外，最主要的是開會期間的議事錄，佔了一百二十多頁。另外便是近一百頁的畫頁。

議事錄部份是此集的中心所在，也是最難得保存完整的部份。代表們宣讀論文雖然都經事前付印，但大部份的卽席發言却都是除了錄音和速記之外，別無其他「根據」。我還記得殷張蘭熙女士當時督率好幾位速記小姐振筆疾書，事後又與錄音帶詳細核對的情景。殷女士說，「希望要做到絕對完整而正確。」她們的工作的確很有效。現在重讀此卷，再回想開會時代表們發言的情形，有恍然如昨，歷歷在目之感。再輔之以畫頁的對照，更覺得印象深刻。

中國筆會經費有限，所以這本議事錄印刷册數有限，不對外發行。如非經王藍兄與殷女士的「克難」，恐怕很難有這樣的結果。這本議事錄將分寄給國際筆會、各有關分會和代表。我想，各國圖書舘也應寄贈存閱。開一次大會只有幾天的風光，但是，一本完整而正確的議事錄，却有永久參考的價值。至少在亞洲作家會議的歷史而言，這是前所未有的創舉，値得我們引以爲榮。

六十年七月九日

筆之會

「筆之會」是我最近出的一本小書，書中收容四十多篇文章，長長短短，都與兩次文藝性的集會有關。這兩次會議一次是五十九年六月間在臺北舉行的「第三屆亞洲作家會議」，那是近二十多年來在中華民國舉行的第一次國際性文藝會議。另一個則是五十九年七月間在韓國漢城舉行的「第三十七屆世界作家會議」。

這兩次會議都是由國際筆會及其分會推動而召開的，各有兩三百人參加，經過情形都很圓滿。我個人有幸躬逢其盛，當時曾寫成若干隨筆式的報導與雜感，記述心得，合成一集取名爲「筆之會」，亦略誌雪泥鴻爪之意。

我個人從事筆墨生涯，平日對於開會無甚興趣。而且，據我事前猜想，集數百人於一堂，來討論一千年也難有結論的文學創作問題，恐怕很難有甚麼具體的結果。我始終認爲文學寫作應該是而且必須是一種個人事業，每個人憑自己的眞情與信念而寫作，「集體生產」、「計劃作業」都非正途。所以，對開會的價值不免懷疑。

這兩次會議，時間都很有限，而各國代表各有不同的文化背景，使用的是不同的語言文字，意見交流困難當然不少。可是，在事後重讀當日所留下來的篇什與資料，仍然感覺到受益良多。

臺北會議之後，一行應省府陳大慶主席之邀遊覽日月潭。那天晚上得與諾貝爾獎金得主川端康成伉儷同席，午夜又經李嘉兄的安排，只有極少數朋友到水社村的「明湖食堂」去飲酒。川端說，「連日參加盛宴，內心一面感激主人的盛情，一面仍不免有拘束之感，倒是這樣的山村野店中，煮酒烹魚，別有意趣，也許唯有這樣的地方，才是作家們的本鄉。」此老散淡閒適的風格，與窗外的瀟瀟細雨，都給我留下了永生難忘的印象。

在漢城，林語堂先生談幽默，是大會最好的一篇專題演講，美國小說家厄普戴克和俄國作家芬克斯坦的報告，我也各有專文報導。他們雖然在幽默的機鋒上遠不及語老，但我也喜歡他們那種獅子搏兎般的嚴肅認眞。

「筆之會」二〇六頁，三民書局出版，算是我個人對國內愛好文學，關心筆會的朋友們一份小小的禮物；純從個人觀點爲中心的不完全的記錄。

六十年七月十日

新譯古文觀止

談到文化復興，必然要談語言文字；而一個民族的文學又是其語言文字精華之所在，所以文學遺產的保存、研究與整理，與新文學的創造與發揚，同樣是很重要的工作。

「古文觀止」這部書，在我國可謂家喻戶曉，歷來被視爲文學的基本教材。此書由清乾隆年間浙江山陰的秀才吳楚材所編，全書十二卷，選文二百二十二篇，起於周代止於明代。這是中國數千年間散文學的最佳選本之一，也是欣賞中國文學，乃至理解中國傳統文化最好的入門書之一。最近，三民書局出版師大教授謝冰瑩、林明波、邱燮友、左松超等四位先生新譯的古文觀止，全書七五九頁七十餘萬言，就整理古典文學與推廣中華文化而言，確是一番有價值的工作，比之單純地影印古籍更進步了一層。

譯者所作的工作，第一是依據原編篇目，重新校勘，如以宋本十三經來校訂左傳的選文，自較坊間流傳的版本爲可靠。

其次，對選文重新標點、分段，另由張孝裕先生配以注音，「便利現代人朗誦諷讀之用。」在每篇之後，列有作者傳略，簡述其生平遭際、性情、品學修養與著述大要，使能瞭解作者的時代背景。然後，便是字句的註釋與通篇的語譯。最後殿之以文章分析，包括全篇主旨、文體、段落大意，以及寫作技巧和歷代名家的評語。註釋與語譯兩部份過去有人做過，然似不及這一新譯本之審愼通暢；文章分析雖著墨無多，大體皆甚精到，允爲一大特色。

今日重讀「古文觀止」，內心有無窮感慨，我總覺得我國的語文敎育，失之重理而薄情。以我自己的經驗而言，小學三年級就開始讀四書，(當時那一課稱爲「讀經」，是國文以外的課程。)五年級時讀「鄭伯克段於鄢」，也就是古文觀止全集的第一篇。憑良心說，當時要講要背要默，只覺其苦，毫無「欣賞」之樂。甚至於讀到後來「落霞與孤鶩齊飛，秋水共長天一色」，也沒有覺得有何美感可言。不是人家的文章不够好，是年紀太小，理解力太低。可是，後來一讀到古文觀止，總覺得那是早就讀過的書，不必再去花工夫了。最近再重讀這新譯本，不僅發現以往有許多「不求甚解」之處，而且也欣賞到過去自以爲懂而其實還沒有欣賞到眞味的妙處。好書不厭百回讀，我覺得這本書非僅應爲大專同學經常硏讀，就是成年一代也無妨時時誦讀，溫故而知新。

六十年六月廿七日

改變美國

世界是在疾遽變動之中。人，是世界的主宰，世界的變動皆由人造成。一般生物頂多祇能做到「優勝劣敗，適者生存」；惟有人會有進步與革新的要求。人有意識地努力，戡天役物，征服自然，追求「改變」，創造更美好的人生。人如何由原始的茹毛飲血進步到今天，這便是歷史。歷史使人感到自傲，增強自信，相信將來還會更好。

作爲這一代的知識份子，我們不僅要推動「改變」，推動歷史的巨輪向前推進，同時，更要探索改變的原因究竟何在，進步的方向何去何從。

民國五十七年八月，我譯了唐斯博士的「改變歷史的書」。那本書裏包括自文藝復興以來影響世界的十六本書，從馬基維利到馬克斯與希特勒，從哥白尼到愛因斯坦與弗洛伊德。近代西方文明的昇沉變化，都從其中可以看出明顯的軌跡來。「改變歷史的書」目前已開始印第十六版。

現在，我又譯完了唐斯博士的新著，去年剛剛在美出版的「改變美國的書」。這本書裏評介了二十五本書，是作者由八十餘種名著中精心選擇而來，他認爲這二十五本書是美國革命建國至今約二百年間「形成美國文化與文明，影響最爲重大的書。」

「改變美國的書」以美國爲對象，其寫作的方法，與「改變歷史的書」大體相同。各篇中包括作者的生平與時代背景、著書經過、各書的主旨與內容概要、出版後的反應與批評，以及對當代或後世的具體影響，每篇一萬餘言。全書二十多萬字。我的中譯本正文加上序言等，共達三八九頁。仍由純文學出版社印行。

每一個國家都在改變之中，豈止美國。不過，美國是一個年輕的國家，求變求新的期望似乎特別迫切，更由於二次世界大戰以來美國的國勢發展，使得其動靜進退之間，往往能發生世界性的影響。有位日本青年告訴我一個笑話：「華盛頓打一個噴嚏，東京就要害肺炎。」這雖是跡近誇張的說法，但似亦不無寫實的意味，未必僅限於若干年前的日本。

美國究竟是如何改變成今天這個樣子的，內在外在的因素自然很多。「改變美國的書」則是從「文化與文明」的觀點來提出討論。我覺得這是一本很有啓發性的書。

六十年六月四日

認主義遲延日本軍國的囊括東北，二次大戰中國戰區的設立終使日軍無條件投降，雅爾達協定及軍調會的調處終使大陸淪入鐵幕。尤其是噴氣機的航行，廣播電視的普及，人造衛星的出現，更使國與國間的距離縮短，人與人間的關係接近。在今日處於自由國家領導地位的美國人，熱心研究中國，年出書籍多至三百種，但我國人對美國文化、美國民心，能有認識者究有幾人？出版界能提供認識美國文化及民心之著作究有幾本？這種無知而又不求知的情形，才是我國今日的眞正危機，也才是這一代知識份子的恥辱。」黎先生認爲「改變美國的書」正足以塡補這種缺陷，「不但足以提高現代青年對美國的認識，即對我反共復國大業的前途，也有很大的貢獻。」這樣的讚許令我愧不敢當；但我個人的一番微忱，爲黎先生道破。今年的新年和農曆的大年初一，我都是伏首書案，譯述未停。爲甚麼要如此急迫？正是痛感於我們對美國的認識與瞭解——特別是從文化方面而言，下的功夫太少。

我相信，國與國相交，亦猶之人與人相處，眞正的友誼必來自深切的瞭解。「傾心崇美」固屬可鄙，「怒目反美」亦嫌浮妄。「改變美國的書」出版之日，適當中美兩國的關係陷於近二十年來最低潮之際，作爲此書的譯者，我以沉重的心情，奉獻此書於國人之前。本乎君子行事求諸已之義，我們是否應該在報端時事之外，從文化根底上多多去瞭解一點美國呢？

六十年六月五日

道理與事實

從翻譯「改變美國的書」，我體會到美國文化性格中的一大特色。這個特色過去早就有人指出過，但我覺得這本書提供了太多的證明。

美國人極其注重事實，特別是看得見的、具體可徵的事實。由於重視事實，以事實來作判斷的基礎，所以他們也特別勤於蒐集事實。我想，這也是美國人之所以特別重視圖書館、博物館、檔案和資料、實驗與統計的原因。像此書中介紹的拓荒英雄路易士與柯拉克，在西征八千哩的艱險旅途中，仍要留下洋洋九十萬言的遠征日記。像畢爾德爲了探索美國制憲者的政治動機，不惜爬梳了如山的史料，查核每一個在憲法上簽字代表的家財。又如林德夫婦爲了研究美國社會生活的變化，特別選定一個城鎮，把全城幾千家居民的生活實況都一一調査，從他們納多少稅，有多少輛汽車，到他們有多少俱樂部和敎堂。

尊重事實是美國人性格中的一個優點，由於重視事實，所以能針對事實而有具體的反應，不涉空談。從學術到政治，實用主義（Pragmatism）色彩濃厚，未始不由於此。

但這種特性也未嘗不是美國人的一個缺點，他們比較缺乏抽象思考的能力。某些歐洲學者認為杜威的實驗哲學不能算一種哲學。除了極少數的例外，美國學者一般都不以純理性批判的工作見長。他們的好處是能虛心接受事實；而在事實的拘束下，少有踏破時空界限的思想家。

在這一心理背景之下，美國人與人討論問題、切磋學問，乃至於辦外交、交朋友，常注目於具體的事實，而不在於垂之久遠的道理。不以目前可見的事實為依據的原則，無論理由如何正大，對美國人總缺少說服性。就長程觀點而言，這是美國文化的一種病。但如果我們對這種性格多所瞭解，則對於當年以反共起家的尼克森，一變而為要首先訪問大陸匪區，也就不至於過分驚詫。美國專欄作家們喜歡用 Dimension 這個字，中文勉强譯成「深度」、「層次」。在現實世界的權力政治架構中，美國其實是一個缺乏深度的國家，容易傾向於隨一時現象而失其所以。美國的善意往往因此而迷失。

因此，我們與美國人相處，理論固然不能不講，更應該多舉事實。「事實勝於雄辯」，對美國人而言尤有其重要性。

六十年六月六日

法理依據

美國國務院新聞官布瑞（Charles Bray）於四月廿八日發表內容荒謬的談話，一則曰台澎地位「仍未解決」，再則曰「贊成台北與北平直接談判」。身爲新聞官而竟有此等無知之言，眞可謂小鰍掀大浪。

周書楷外長據報後，立卽召見美國大使，表明中華民國的嚴正立場。美總統尼克森也說，所謂直接談判，乃是「完全不切實際的想法。」

所謂「臺灣地位」問題，純屬國際陰謀份子憑空揑造的謬論。臺灣本爲我國領土，遜清末季依馬關條約割讓日本。二次大戰期間，我對日宣戰，宣告廢棄中日間前此所訂之一切條約。抗戰勝利之後，臺灣光復成爲中華民國的一個行省。這一段史實，在我國連小學生也無不知曉，二十六年來更經擧世公認，絕無疑義。

不過，陰謀份子把它當做一個題目來作文章，歪曲事實，信口雌黃，過去既然有之，將來也不會完全罷手。身爲中華民國的國民，對此不能不有透徹的瞭解與認識。我們有充份的法理依據，人人應熟知這些史實與法理，這是國民的精神武裝。

所以，我要介紹張士丞博士所著「我國對台澎之主權的法理依據」這本書。到目前爲止，這是我所讀到有關這個問題談得最爲深入而週詳的一本中文著作。

此書共分六章，一二三頁，參考官方文件和書籍論文，中文者三十三種，外文者五十七種。所列脚註一百四十九條。

前兩章「緒論」及「台灣歷史概述」爲背景之說明。第三章「二次大戰期中的台澎法律地位」，討論到中日宣戰與中日間一切條約廢止，開羅宣言與波茨坦宣言，日本降伏文書，以至我國政府接收台澎和主權之再度確立。第四章「二次大戰後的台澎法律地位」，則說明我國「以德報怨」的對日政策，以及金山和約與中日雙邊和約簽訂的經過，這兩章就在提出我們的法理依據。

第五章「台澎法律地位的論戰」是作者的研究最爲著力之處，他對於國際間別具陰謀的種種邪說詖辭，逐點分條，根據國際法的觀點，一一予以有力的駁斥。然後，在第六章中歸納出四點結論。最後說，「台澎主權之應歸於中華民國，乃屬不容置疑的事。任何懷疑我對台澎主權的謬論，就是侵犯我國領土主權之完整。」

六十年五月七日

不容置疑

中華民國對台澎的主權，法理上最有力的依據是開羅宣言與菠茨坦宣言，以及後來的中日和約。這是大家都知道了的。但是，這些文件中當初怎麼說的？說得清楚的人可能不太多；至於當時的背景分析，自更非一般國民都知道的。一九四三年十二月一日，中美英三巨頭發表的開羅宣言，第二段中說：「我三大盟國此次進行戰爭之目的，在於制止及懲罰日本之侵略……三國之宗旨……在使日本所竊取於中國之領土，例如東北四省、臺灣、澎湖羣島等歸還中華民國……」兩年之後，一九四五年七月廿六日，三國領袖發表菠茨坦宣言，在第八點中說，「開羅宣言之條件必將實施。」

這一宣言的發表，使原獲美英保證的台澎歸還中華民國問題，正式列爲日本投降後所應遵守的條件之一。更由於蘇俄隨後也加入爲菠茨坦宣言的簽字國之一，所以，原由中美英所承諾的戰後臺澎的地位，對蘇俄也有拘束力。

大戰結束之後，金山和約與中日和約都有規定：「日本放棄對臺灣、澎湖的一切權利、權利名義及要求。」按國際法的原則，「放棄」(Dereliction) 是喪失領土的方式之一，足以解除一國設立於某一領土上的主權。又由於中日和約中第四、第十條的條文，構成日本默示主權轉移的條款。更重要的是，日本在宣佈投降之時，早於一九四五年十月廿五日已將臺澎交付中華民國。自是以後，實際控制臺澎的是中華民國政府；這個政府乃屬合法存在的政府，也正是領導抗戰的政府。臺澎本我故土，主權自然屬我，就是根據國際法上的「保持占有主義」(Principle of Uti Possidetis)，台澎主權必屬中華民國，亦絕無疑義可言。

近年國際間陰謀份子之所以要狡展詭辯，咻咻不已者，是要鑽空隙，找口實。他們說，日本在金山和約與中日和約裏，雖然聲明放棄對於臺澎的主權，但條約中尙未明白規定其放棄的主權，應由何國繼承。因乃有如布瑞者流說出了「問題未獲解決」的謬論。

張士丞的「我國對臺澎主權的法理依據」一書中，對所謂「共同管轄權」(Condominiun)、片面廢約、和宣言效力等問題的質疑，一一予以駁斥。義正辭嚴，立場正大，思慮精深，不愧爲書生報國之作。

六十年五月八日

國民常識

台澎本我固有領土，至抗戰勝利而告光復。今天，台澎爲我生聚教訓、反攻復國的基地，我們一千四百多萬軍民，生活、工作、生產、備戰、讀書，都在這片基地上。台澎基地的壯大，不僅是海內外中國人一致的要求，更是鐵幕內億萬同胞出諸水火的惟一希望。這片土地的「主權」如果竟然還有疑義，則不僅影響到我們每一個人的命運，也關繫到國家民族的前途。所以，「我國對台澎之主權的法理依據」書中討論的問題，已不再限於研究國際法的人關心，而應該是一般國民所共有的常識。

作者張士丞寫這本書的動機，是在一九六六年間，讀到非律賓國際法學會的季刊上的一篇「台灣的法律問題」的論文，長達五十頁，否定我國對台澎的主權。士丞讀後，憤不可抑，乃著手搜集資料，爲文駁斥。嗣後所得資料不斷補充，乃進行寫這本約七萬言的專書。

士丞服務外交界，歷任外館。去年過美返國，耳聞目見所謂「一中一台」或「兩個中國」之暗流滋長，他認爲國際政治掮客遲早必再提出「台灣法律地位未定」，以爲鼓吹謬說的「法理依據」。這一撮人以爲，縱然「台灣地位」不能構成問題，但這樣叫一叫，對於他們牽引共匪進入聯合國之類的活動，是可以起一些混淆聽聞的配合作用的。士丞洞燭此輩之肺腑，乃於公餘之暇，完成此書，從理論與事實的觀點，提出有力的駁斥。

作者最近有一封信給我說，此書完成後，曾輾轉與一二出版機構洽商出版，「想不到他們一聽到此一書名，竟毫不考慮地表示婉却。弟一氣之下，乃自掏腰包印了一百册，分贈師友……但願出版界對於包賺錢的書固然要出，學術性乃至討論關係國家迫切重要問題的書，即使無利可圖，也應儘可能出版。」感慨之深，溢於言表。此言亦正說中了今日我國出版界的弱點。

我始終相信，在一個現代國家，對任何重大問題（不止是政治問題），都應該拿得出專書來，表示我們在任何挑戰之前都是有反應也有辦法解決問題的。張士丞兄這本「我國對台澎之主權的法理依據」，可能是討論這個問題的第一本中文的學術著作，我希望有出版機構願意代爲正式出版，廣爲流傳，使每一個關心這個問題的人都能讀到，闢斥外來邪說，加强精神武裝。

六十年五月九日

關於這本書

關於張士丞所著「我國對台澎之主權的法理依據」一書，自「三三草」於五月七日八日九日三天連續介紹以來，各方讀者反應非常熱烈，士丞兄和我分別接到了很多師長、朋友、讀者的來信和電話。有人遠自美國和菲律賓來信打聽這本書。國內的讀者從青年學生到學人教授，以至於我們新聞界的朋友，都很關心這本書。到現在，至少已有三家出版機構表示，樂於將此書出版。他們都表示，出版這樣一本書，是爲了「要盡出版界一份子的職責，業務得失，決非所計。」

拙文最後一篇於五月九日見報，第二天晚上，我收到報社轉給我一封信，寫信的人是中國國民黨中央委員會秘書長張寶樹先生。信中大意說：「讀今日聯合報聯合副刊大作『國民常識』一文，感慨萬千。請速轉知張士丞先生，將『我國對台澎之主權的法理依據』一書稿件交弟以便由中央文物供應社加速出版。」

士丞的書在寫成後，曾輾轉與一二出版商洽談出版，「想不到他們一聽到此一書名，竟毫不考慮地表示婉却。第一氣之下，乃自掏腰包印了一百册，分贈師友……」他這段話我曾加引述。張秘書長來信中「感慨萬千」之語，當卽指此。

張寶樹先生是職責繁重的忙人，五月九日又正是中央黨務工作會議揭幕的前夕。他能在此百忙之中，披閱報端的蕪文，認爲此事應該做，值得做，立卽「劍及履及」，主動表示願意協助，並且提出具體的進行方法。這樣的一件小事，不僅使得埋首鑽研的張士丞兄感到了很大的溫暖，也使我們這些寫「方塊」的朋友們受到了鼓勵。

我於當晚就在電話上告訴了士丞兄，他自然也覺得十分高與。同時，他認爲此書旣由中央文物供應社出版，內容應更求精審，所以，他又花了大約一週的時間重加修訂。此書的原稿想已在發排之中，不日當可出版，我僅在此報告關心此事的讀者先生們，我猜想這本書很快就可應市。我也要在此向張秘書長致謝。這本書此時此地出版，可以提供國民所應知的知識，增强我們的精神武裝。同時，由於張先生的明快作風，使人更可以瞭解黨政當局對文化新聞界與學術界的重視與關切，眞正埋頭苦幹的人不必再有不平之感了。

六十年五月廿八日

辨別是非

前些日子，聽到幾位外國朋友討論美國近年校園內的動亂。一位純從社會科學的觀點，分析青年心理和動亂的時代背景；還有一位則說明了所謂「左派」的觀點，他們認爲越南戰爭「在道德上是錯誤的，」所以應該反對。就美國歷史而言，這些青年不能算完全「異端」；梭羅的「不服從論」裏早就有過那樣的議論了。

不過，二十世紀七十年代的世界，究竟不似一百三十多年前梭羅在華爾騰湖畔離羣索居的時候那麼簡單了。自由人今日所要對抗的，不僅是赤裸裸的暴力，而是有其「言詭而辯」的理論與世界性組織的共產黨。共產黨的武力與理論並不可怕，眞正足以爲患的是他們滲透顚覆的陰謀。列寧就說過：「攻佔一座堡壘最好的方式，是從堡壘的內部發動攻勢。」中國大陸是這樣淪入鐵幕的。所以，這一代的中國人對於這一點特別敏感。

身經大陸沉淪之痛的中國人，都看出來今天美國學潮動盪內情實不簡單。我們可以相信百分之九十以上的美國青年心地善良，動機純正；但這並不能保證在集體中受極少數人操縱鼓惑的可能性。譬如說，近年的美國學潮中已顯示出幾種很危險的趨向：第一、他們的口號，有些是訴諸羣衆的激情，而非訴諸冷靜的理性。第二、所謂新左派及其附和者，一面利用「民主鬥爭」的形式，同時又儘量抹煞任何與他們不同的意見表達於公衆之前的機會。第三、由於否定理智的辯論，他們就以暴力的手段和破壞的方式，來表示他們的力量。燒房子、投炸彈，造成混亂與恐怖。這樣一來，使他們原來的「道德動機」泯然無存，同時把美國人引以為榮的民主傳統動搖了。為「新左派」發言的人，矢口否認在美國學潮中有共產黨份子的滲透，並且認為學生們的行動有其「積極性的意義」，「絕未帶來任何危險」。這樣的說法，在我們看來實在太武斷了。當美國有幾十萬子弟在越南作戰的時候，居然有美國青年在國內打著北越的旗幟遊行，要為越共捐血，這算是甚麼道德呢？

我們中國人的話，也許會被美國青年們認為「別有用心」；最近讀到一位美國名作家有關這個問題的描寫與分析，很值得介紹。由於這本書使我對於美國的觀感稍有改變——美國畢竟還有頭腦清楚，能够辨別是非善惡的人。

六十年四月九日

校園在烈火中

一九七〇年五月初，位於美國俄亥俄州北部的肯特州立大學爲反對美軍進入高棉而掀起風潮，有四名學生被國民兵部隊槍擊斃命。一時造成軒然大波，全美境內有七百多家大專院校學生爲了這一「血案」而抗議示威。尼克森總統曾派共和黨要角史克蘭頓主持調查，發表了很長的報告書。但因爲那是官式文件，很多地方似乎都存心息事寧人，語焉不詳。

今年四月份英文版的「讀者文摘」上發表了一篇文章，對此案有深刻入微的分析與生動詳盡的描敍。此文作者是鼎鼎大名的密契納，題目是「肯特州大——校園在烈火中」。文摘所載僅是摘要，將分上下兩篇刊出。其全文則將由藍燈書店出版單行本。

密契納是當代最卓越的小說家之一，曾任哈佛大學教授，以「南太平洋故事」獲普利茲文學獎。以韓戰爲背景的「土高里橋」，和以匈牙利抗暴爲背景的「安道橋」，皆爲堅定反共的戰鬬文學。近年的「夏威夷」和「伊伯利安半島」等書亦皆風行一時。密契納的作品總銷數幾千萬冊，曾被譯爲五十三種文字。「肯特州大案」乃是以小說家的細膩筆法，謹守新聞寫作忠實客觀的原則，寫出此一血案的全貌，並且根據多方面的訪問，對於風潮突起的種種因素提出冷靜的分析。讀此文至少可以讓人相信，美國人仍有面對現實，自我檢討的勇氣。

「文摘」高級編輯鍾斯偶與肯特的一個學生閒談，發現這個當事人的見聞和看法，竟與當時一般新聞報導頗有出入。他建議文摘社應該對此事自行採訪，寫一篇文章。結果文摘社派了一位副總編輯，若干研究人員，和肯大新聞系的五個學生，實地調查；更聘請了「大牌」作家密契納主稿，由一篇文章的計劃寫成了一本書。

此書的內容，「文摘」中文版不日當可譯出，細節此處不必多引。但密契納已明確指出，這一場風潮乃是有外來的左傾份子和「職業學生」一手導演，從中引發的。在肯大二萬一千名學生之中，極端份子不過百分之二，掌握「領導權」的不到十五個人。十幾個人如何能點起星星之火，造成燎原之勢？這便是共黨統戰的狠毒之處。密契納此書或可使某些中風狂走的美國青年瞭解，他們的「道德感」是如何地被人歪曲操縱；同時也可以使全世界的青年人認識共產黨徒是如何慣於利用人們的天眞與善意，去進行他們顚覆國家，危害社會，和毒化青年的陰謀！

六十年四月十日

密契納的方法

密契納寫「肯特州大案」，並無甚麼神秘的訣竅，主要是勤於搜求事實——第一手的事實。多聽多問，注意資料，這與賴恩的「最長的一日」和白修德那幾本「總統之產生」的方法並無二致。

去年八月初，密契納自己開車到達肯特城，悄悄住進了一家汽車旅館。「我花了一週時間在城中各處走走，並閱讀當地兩家報紙以前的舊報。每天晚上，我到北水街的酒吧中小坐，躲在角落裏靜聽人們談天。」密契納是一時名人，可是，在他到達肯特八天之後才有人認出他來。「這時候，我已經曉得肯特的心情了。」密契納所讀的兩種報紙，一是「肯特記事報」，屬於有名的狄克斯家族所有。另一是肯大學生主辦的「肯特日報」。

然後，密契納就廣泛與肯特大學的師生和當地民衆接觸。任何一個對於五月初的風潮具有强烈意見的人，都可以隨時與他傾談。

密契納以肯特風潮爲具體例證，要探求以下幾個問題：第一、一所大學究竟應該是怎麼樣的？第二、大學生的權利與責任究竟是甚麼？第三、那些決心要摧毁美國的大學與社會的地下勢力和半地下勢力，究竟活躍到甚麼程度？他說，這是美國今後十年內面臨的重大問題。

他每天坐在旅舘裏，任何人可以敲門而入。他又常常在校園附近去跑步，碰上成群的男女學生時，隨時可以一談。還有人半夜才來過訪，更有人在電話上與他訂約，在很奇怪的地方見面。這些人都不願意讓別人知道他們曾向密契納提供材料。

所以，在書中出現的人物，姓名都不是眞的。但密契納强調，「書中所寫的每一件事情都是眞實的。寫到的每一個人都是眞人，每一句對話都完全照我記憶或筆記當時的情況寫下來。這裏面絕無任何杜撰成份。」事實是最雄辯的。

從肯特城的歷史，肯大歷年的發展，然後寫到去年五月一日至四日那四天之間的每一個細節。市長、校長、教授、學生、警察、牧師、還有一般市民，所有與那一場風潮直接間接有關者的見聞觀感，都收集起來重組爲當時的圖畫，用事實來透視其相關的意義。書中沒有批評，讓讀者自己去尋求結論。

「讀者文摘」以十三種文字每月銷行二千九百萬册；它夙不以新聞報導見長。但密契納的大作，無異是給美國新聞界上了一堂課。由此一「深度的報導」，才可以看出去年五月間美國一般報紙、雜誌、通訊社的報導是如何的膚淺與草率。如果它們是有意爲之，那便可以說是受到了共黨統戰的影響，與大多數盲從的青年們犯了同樣錯誤。

六十年四月十日

是與非

何者爲「是」，何者爲「非」，這是人生最基本的問題，也是世間一切紛爭的起源。是非不能定於一，所以人與人有論辯，國與國有戰爭。

是與非、眞與僞、善與惡、美與醜，人之所見，各有不同。這是因爲價值判斷牽涉到的主觀成份多。一個人做某種判斷時，都不免受到他個人的智慧、見識、學養、品德、經驗、以及其身世與文化背景等許許多多因素的限制。大家都知道香味好，而「東海有逐臭之夫」；舉世公認索茲尼欽是偉大的作家，他的作品偏偏在蘇俄不能出版，而他本人且遭到軟禁，這是人世間的大悲劇。

是非觀念不僅因人而異，亦因時間、空間不同而大有分別。多福多壽多男子與「計劃家庭」是因時代而演變出來的不同觀念；「整潔爲强身之本」與嬉痞文化是因地區而產生出來的不同標準。是非之間畢竟有無客觀的標準？古今中外的哲學家研究了幾千年，就在探求這個問題的答案。判別眞是眞非，絕非單靠直覺、情緒、和偏見所能爲功。一時的趨尙，衆人的附和，並不卽爲鑒定是非的佐證。孔子見棄於沮溺，耶蘇被釘死在十字架上，蘇格拉底被毒斃於獄中。當時千萬人認定之「非」，日後卻成爲千古之「是」。正所謂千夫諾諾，未若一士之諤諤。眞知灼見與道德勇氣之可貴卽在於此。

近讀保羅・吳愛斯 (Paul Weiss) 與江乃森・吳愛斯 (Jonathan Weiss) 父子合著「是與非」(Right and Wrong) 一書，甚感其議論風生，鞭辟入裏，字裏行間閃爍著智慧的光芒，確乎是一本啓發思考的佳著。

此書現由張身華兄譯成中文，其第一章出於劉屋兄的手筆。全書除序跋之外，正文共分五章，分別討論「人及其義務」、「家庭及其成員」、「政治和國家」、「社會」、「人和宇宙」。一八二頁，由幼獅編譯中心出版。從所列的章節看，本書討論的範圍是由個人出發，不斷擴充而至於人對宇宙的關係。作者心目中假定的對象是一般在學的青年，討論的重點是人類行爲與倫理道德兩者之間的界限與交互作用，也就是人的義務與是非準則的核心。

六十年五月廿一日

父與子

「是與非」一書有副題曰：「父子間哲理上價值判斷的對話」（A Philosophical Dialogue Between Father and Son）。全書雖然討論的都是嚴肅而複雜的人生哲學問題，但由於透過父子問對話的方式來表達，乃顯得機鋒時見，意趣橫生，了無頭巾氣息。

作者吳愛斯父子是美國當代高級知識份子的表樣。父親是耶魯大學哲學教授，曾當選爲美國哲學學會的會長。他精於邏輯，半生致力於研究「用一套公式來說明一個有系統的世界觀，以及用同樣方式來解說作爲藝術、宗教、政治與歷史等各種事件背景的哲學。」兒子喜愛文學，但學的是法律，「爲了要帮助衆人多爭取幾分公道。」他現在是華府的名律師。

吳氏父子經常討論許多重要的問題；本書則是一次「坦白而深入」的對話記錄，「彼此力圖了解對方，並向對方討教，看看究竟從這次對話中能得知些什麼。」他們事後發現，父親關切的重點是人類各種行動的基本原因，同時也顧及行動的影響。兒子持論比較激進，既關切人類行爲的結果，亦辯護其行動的動機。

就此書看來，吳氏父子的觀點，顯然也有「代距」的存在，雖非兩個極端，但不同之處甚多，而亦並不強求對方同意己方的意見，「和而不同」，各有獨到的見解。所以，有些問題得到了一致的結論，有些問題看法大相逕庭，有待讀者以仲裁者的立場自爲判斷。讀者在此閱讀、思索、判斷的過程中，正可增益辨別是非的識力。在他們父子激辯之時，讀者並不祇是一個旁聽者，而是一個積極的參與者。我們沒有發言，但我們的思想時時都在「插嘴」。

我讀此書的印象是，父親近乎圓通上智，議論間有一片祥和氣象，時時強調「人的義務」，似正是「君子求諸己」的道理。兒子的觀察力敏銳，可能因做律師的關係，能言善辯，常取主動，有咄咄逼人的氣勢。在談到道德義務時，他一開頭就問，「假定在考試時，你發現隣座的一個學生作弊，你應該檢擧他嗎?」又如應否對兒女實施體罰的問題，兩代的看法也有很大的距離。以父子之親，生活在同一家庭環境,同樣受過高等敎育,對於人生若干重大問題的是是非非，竟然仍有如許異同之見，由此也可見現代社會的複雜性，人際關係的複雜，與是非論斷之難了。

六十年五月廿二日

X與Y理論

凡事都是要人做的。而大部份的事都不是靠一個人「單槍匹馬」，冥思獨行，而要有許多人分工合作，才能夠完成。因此，便要講求組織，講求管理。管理以人爲對象，大至政府、軍隊、政黨、企業，小至開一個雜貨店，都不能不瞭解人，尤其是人性。

近時聽幾位專家講到管理問題，都提到美國學者麥克葛里格的X理論與Y理論。這兩種所謂理論者，其實不過是對人性的兩種極端的假設。

根據X理論，對人性抱著悲觀的看法。其要點是：

第一、一般人的天性是厭惡工作的，因此便總是想辦法去規避工作。亞當與夏娃偷嚐知識樹上的禁果，被上帝趕出伊甸園，並且處罰他們不工作就無法生活。

第二、由於人類天性就厭惡工作，所以，大部份人都得由外力施以强制、管制、督導、警告，並且必要時加以懲罰，然後他們才肯努力去達成組織的目標。

第三、一般人樂於接受別人的監督指導，規避職責，比較說來都沒有甚麼遠大的雄圖壯志，而特別企求安全。

透過這道「眼鏡」來看人，則芸芸衆生無非是一羣縮頭縮腦，自私自利的可憐蟲。

根據Y理論——在美國企業界這是比較新的說法，認爲人性是大可樂觀的。其主要的假定是：

第一、工作之耗費心力，與休閒嬉戲時是一樣的。人並非天生厭惡工作。工作視所能控制的環境而不同，可以爲樂趣之源，也可以爲痛苦之源。

第二、外力的管制與懲罰的威脅，並非唯一能促進人努力去達成組織目標的途徑。人們會自治自律，負責盡職。

第三、自我的滿足與自我的實現，是工作中重要的報酬。

第四、一般人在情況許可時，不僅懂得應該接受職責，而且還會設法去尋求新的職責。

第五、運用豐富高超的想像力、智能、和創造力，去解決組織中各種問題，是人人皆有的能力，並非少數人才賦有的。

第六、在現代工業生活環境裏，一般人具有的潛在能力，並未充分運用。

在中國人看來，這兩種理論都不算新了。荀卿主性惡，楊朱說爲我，彷彿近於X；孟子主性善、墨子說兼愛，則又近於Y。人性究竟是X還是Y呢？值得每個人深切地想一想；我們是否那樣壞，還是那樣好？

五九年六月五日

出，美國的大工商企業，雖然是具有重大歷史意義的社會發明，但「依其目前的形式而言，根本就不能符合未來的經濟要求。」因爲，過去認爲人的天性就不喜歡工作，是「根據一些不健全而古板的人類行爲假設，使我們無法看出許多新的創見；這情形正如五十年前，物理科學的理論，看不出雷達和太空旅行有發展的可能性一樣。」

因此，他要提倡Y理論，强調人不但並不厭惡工作，而且由於自律自治，很能克盡職責，問題是管理者的領導方式。他舉出許多實例來證明他的假設，特別指出對於一件工作目標的制定，如果完全是由上而下命令行之時，「消極接受已經算是上上大吉，一般可能的後果就是相應不理或者抗拒對立。」他所建議的「融合自制的管理」與「業績考核的標準」，基本精神上與總統多年之前倡導的行政三聯制甚爲相近。他特別要把「人性化」標而出之，可能是針對美國工業社會過分注意效率化而發的。此書在研究管理的學術圈以及企業界中，都已引起了很大的反響；Y勝於X，人在功名利祿、加薪晉級之外，還有更高的欲望：要從創造與工作中獲取滿足。

「企業的人性面」列爲協志工業叢書之一，出版者在書末說明宗旨：「知識應爲萬人所享有，我們承繼前人之精神遺產，得以建立現代之文化。前人既有良知傳給我們，我們應將此良知推廣發展遺留給後人。而要盡此責任，必先深切認識前人之功績。」對於麥克葛里格的功績，我們藉此書而獲得認識。其實作者提出的原則，尙不僅適用於企業界而已。

五九年六月六日

知性生產之書

自來談到做學問或治學方法的書，尤其是成年人存心寫給青年人讀的這類書籍，往往不免過分嚴肅，道貌岸然；結果是本來動機很好的書，無端引起年輕一代的反感，或至少是給他們求知的熱情上澆了冷水。

最近讀到梅棹忠夫著「知識誕生的奧秘」一書，覺得很有價值。我已把這本書列爲政大新聞系我所教那班同學的「必讀書目」中。其實，這本書對於任何科系，任何年齡的人都有用處。

而且，此書的好處猶不僅在有用，它一方面能夠根據自身的經驗，深入淺出地寫出治學要領，另一方面又能啓發治學的興趣。本書討論的雖都是「知性生產」的問題，但作者更是一個感性强烈的「性情中人」。我雖然連作者的照片也不曾見過，但想像中他應該是一個平易親切、詼人不倦的老先生。

書中沒有提到梅棹的經歷，我祇知道他是京都大學的教授，大概是一位人類學家——因爲他多年前曾經到過外蒙與東非洲從事遊牧民族的生活調查。

「知識誕生的奧秘」，日文的原題是「知性生產的技術」——此處的「技術」一詞，是由物理學諾貝爾獎得主湯川秀樹的建議而來。原文部份在岩波書店的「圖書」雜誌上連載過，後經岩波列入新書文庫，一年間就銷行了數十版。中文本由佘阿勳、劉焜輝兩君合譯，晨鐘社出版。全書分十一章，一四七頁。

作者說，所謂知性生產，將智慧、思想、觀念、報導、敍述、還有其他，都包括在內。「簡言之，知性生產便是運用頭腦，把某些新的東西——情報，簡明地傳達給人家的意思。」此處所說的「情報」，相當於英文中的 Information，比軍事性情報的含義要廣泛得多。

梅棹在書中再三强調，「所謂學問，必須自己去發掘汲取，別人是無能爲力的。」他認爲，日本現在的各級學校裏，「老師們未免教得太多了。」遂使學生們習慣於接受教導，連一點自動學習的情緒都沒有。其實，這種情形在我們這兒又何獨不然呢？大學裏不是教學問的地方，而是教如何做學問的地方。「知識誕生的奧秘」正是要補今日大學在教導青年們「治學方法」之不足。

六十年四月十六日

筆記與卡片

文藝復興時代的大天才達文西，不僅是「蒙娜麗莎」那幅不朽名畫的作者，而且曾在建築、機械、和冶金等各方面都有很多的貢獻。據說他有一個習慣，終年在口袋中放着一本小手册，隨時隨地記載他認爲值得記錄的東西。梅棹忠夫因爲讀了達文西的傳記小說「衆神的復活」，對於達文西那種對任何事象都懷有好奇心、知識欲、和包容力，有無限的神往。於是，他連達文西攜帶手册的習慣也學來了，「至今二十幾年來，我都不曾間斷。」他把生活中富有意義的或有趣的現象，偶然的構想等等，都記了進去。「等於一篇短短的論文。」他稱之爲「發現的手册」；這種手册的功用不僅在於累積有效的素材，而且是在捕捉發現。他說，「發現具有一種特別的感覺，猶如一向不通的電流，在頃刻間，通了。就是如是的感覺。」正是古人所謂的豁然貫通；但這貫通是得自平日點點滴滴的累積工夫而來。

從手册——也就是筆記本，隨後又進步到卡片，他擧了很多實例說明卡片的好處與必要，並且詳細說明了他自己設計的卡片之規格，卽十二點八公分寬，十八點二公分長，日本通稱爲「B六判」的規格。卡片上印有格線，平常攜帶五十張左右，外用塑膠板夾住，再套上橡皮圈。就是由於隨時把新知資料記上去，能够「以記錄代替記憶。」卡片雖也是一種筆記，但比筆記更加合乎實用，宜於事後查考與不斷的擴增。梅棹所提議的「一張卡片記一個項目」，以及如何使用、如何整理，都與圖書館學中管理卡片和編目分類等工作相通。不過，梅棹是爲求他自己的適用，方法比較簡易而更有「個性」。他認爲，知性生產最要緊的莫過於養成記卡片的習慣。要養成這種習慣，堅强的意志是很重要的。他並鼓勵讀者「下決心訂購一萬張卡片來，面對一萬張卡片，你總會產生某種覺悟，或湧現鬥志吧？」他對於卡片的愛好如此之深，甚至於主張連個人的日記也應該用卡片來寫。這個意見我還不曾聽到過；他的理想是，使日記「成爲各種經驗按照時間的先後排列成索引」，如此，旣可以便利以後資料的增加，同時，不想寫或無事可記之時，就不必勉强湊上一頁。

梅棹强調，技術的開發，「過程的記錄與分析要比成果來得更加重要。」這也是許多學者都講過的；做學問的方法與其所得的結果同等重要，青年朋友尤應有此認識。

六十年四月十七日

爲別人而寫

寫作，是知識生產中最困難的部份。通常一說到寫作，往往先想到文藝性的文章；其次才是所謂應用文，梅棹忠夫稱之爲著重在商業性的文章。他認爲，就治學而言，文體寧可選擇後者：「今天人們所需要知識生產技術的文章，並不是能够感動人的藝術性的文章，而是能够把一件事情或思想，正確地、平易地，傳達給對方。」這類文章是以發表爲前提。亦卽要給許多人看的，具有社會性的文章。

梅棹頗慨嘆於當前日本人對於寫作技術的忽視，不僅大學生如此，「有些非常著名的學者，他們所寄來的原稿也是令人不敢恭維的。他們甚至於連寫稿的最基本原則也不懂。……對於標準符號的用法、揷圖、圖表的排法以及引用文獻的寫法，註解的寫法等等，眞是一塌糊塗。編輯人這種情形在我國也同樣存在。一般報章雜誌和書籍且不說，就連很多學術性出版物中不幸也是最怕這種人。」

免不了有這種情形。過去幾年我曾有幾次應邀擔任碩士學位的考試委員，常發現在碩士論文中對於引用文獻和註解也竟有不合規程之處。一個作學問的人，其思想、觀念、見解、主張，應該力求創新而獨立，但是，其表達思想的方式，却必須遵循國際學術界共守不渝的程式。這是知性生產中一個基本的要求。

梅棹竭力主張，寫作雖並不困難，但如缺乏練習就不可能寫出好的原稿。他說，「我認爲至少在大學裏，每一學系都應該開共同科目來訓練學生怎樣寫稿。」關於這一點，我深有同感。但此處所謂寫稿，並不僅限於文藝性的作品，而是表達思想、傳播知識的一般文章，從讀書報告到研究論文都包括在內。

我們的大學與日本的大學一樣，都缺少這種「治學方法」的傳授與訓練。所以，青年人必須自己多讀有關的書籍，並不斷練習，養成良好的習慣。「知識誕生的奧秘」這本書，從筆記、卡片、剪報、讀書、寫信，一直講到寫作與出版，雖然文字甚爲簡略，但做爲一本入門的書，已經很能把握要點，盡其指點迷津的功效了。不過，這本書的效用，不在讀了就算，而尙需繼之以卽知卽行，實地採行，然後才能得到眞正的利益。

六十年四月十八日

難以置信的勝利

在看完「偷襲珍珠港」這部影片之後，我覺得有一本書應該馬上向讀者們推荐，特別是大中學校的同學們。對於他們來說，珍珠港事件也許已經接近「中古史」的邊緣。

我要介紹的書是「難以置信的勝利」(Incredible Victory)，作者是耶魯大學畢業的華特・勞德(Walter Lord)。此書由老友黃文範兄譯出，幼獅翻譯中心剛剛出版，全書十四章三五四頁。此書二十三萬言報導了一件事，那便是中途島海戰。美日雙方都稱之爲「決定日本命運的一戰」。

對剛剛看過「偷襲珍珠港」的人來說，讀這本書會格外有一種親切之感，因爲出場的日方將領幾乎是原班人馬，有東條英機，有山本五十六，有南雲，有他們指揮之下的九艘主力艦，二十三艘巡洋艦，八艘航空母艦，和陸戰隊飛行員的精華。他們是在偷襲珍珠港之後約半年（一九四二年六月），決心要攻佔中途島。山本的目標是攻其所必守，「只要美國艦隊挺身起而應戰，他就傾其所有一湧而上。」換言之，他是要乘珍珠港得勝的餘威，摧毀美國在太平洋上殘餘的海空武力。大戰前夕，山本在「大和艦」上寫信給他那在東京的藝妓河合千代子說，他這一回面臨着「通吃或通賠」的危險。他估計，「今後可能不會再有非常歡樂的時光。」

中途島上美軍守備的力量十分薄弱，「有人用的還是二十世紀初年的步槍。」他們沒有主力艦，陸海軍飛行員沒有一個作過戰。二十一名陸戰隊飛行員，有十七個剛從學校畢業。

可是，就在這樣衆寡懸殊的情勢之下，美軍竟能憑藉靈活的情報與犧牲的決心，一鼓而擊沉了四艘日本航空母艦——赤城、加賀、飛龍、蒼龍。馬歇爾事後講評說，「這是一次間不容髮的險勝，也是一次最重大的勝利。」

作者勞德說，「對抗著壓倒優勢的敵人，一批少數的堅決之士，憑藉着最貧乏的資源，經常是以可怕的自我犧牲，改變了太平洋戰爭的方向。」在中途島戰役以後，日本再沒有發動攻勢的能力。所以，他說，「人類精神中的某些事物——技巧、信心、和勇氣的神奇配合，可以起必敗而獲得難以置信的勝利。」

如果說偷襲珍珠港是日軍攻勢的高潮，中途島便是日本覆敗的重大轉捩點。帶着銀幕上得來的印象來讀這本書，才更能瞭解縱橫一時的「無敵艦隊」何以會一戰而潰，侵略何以必將失敗，以及勇往犧牲的精神在戰爭中的眞價值。這是一本有趣而亦有益的好書。

六十年五月一日

深度報導一例

在第二次大戰之後，由於廣播電視日益普及，很多人懷疑用文字報導新聞是否還有多少價值——至少是不及從前那樣的風光了。事實似乎恰恰相反。有很多新聞記者、作家和學人，近年來致力於以單一事件爲主題的「深度報導」。這一類作品中，保持新聞報導的客觀寫實原則、歷史的嚴肅性，同時又採取小說的描寫方法。勞德的「難以置信的勝利」也是這樣的一本書。譯者黃文範兄稱之爲「文學化的歷史」，我覺得它也是一種「事後的新聞」，把新聞報導提高到了文學的水準。

勞德爲了要寫成這本書，在東京、華府、夏威夷與中途島之間旅行三萬餘哩，訪問過曾經親與此役的四百多人，聽取他們的回憶。同時參閱了美日雙方檔案室與戰史局裏的寶藏：作戰報告、戰鬪日記、任務歸詢、談話、分析、和戰俘審訊的紀錄等。作者在序文中提到美日兩國戰後出版有關中途島之戰的書目，約有五六十種之多。他不僅對兵員、武器、時間、距離、速度、高度等數字，都曾細心考據，力求精確，因而解決了這一戰役中「究竟誰炸沉了蒼龍號」的謎團，而且，他更生動地描寫了雙方官兵抽的是甚麼香烟，喝的是甚麼酒，以及爲甚麼「味噌鯛魚」把日本人的好運給「沖」了。

譯者所下的功夫也同樣值得敬佩。文範兄久歷戎行，兩度留美，他的軍事知識與中英文造詣，保證了這個譯本的品質。更難得的是，他近幾年來終年伏首，專門從事戰史和戰爭文學方面的譯著，兢兢業業，不改其樂，這一份敬業專精的嚴肅態度，於今實在難得。

此書之難譯，單擧一事可以槪見。把書中英譯的日本人名、地點和艦名再譯回漢字，就頗費周章。文範雖然查遍了中外參考書，也請敎了許多師友，仍然有若干譯名不能確定。直到民國五十七年七月十三日，他在台南市見到一位到我國來佈道的長老會牧師，才算找到了「指引的專家」。

這個牧師原來便是赫赫有名的淵田美津雄，也就是「偸襲珍珠港」的總領隊，電影上那個被稱爲「昇官最快」的靑年軍官。他也參加過中途島作戰，戰後他和奥宮正式合著的「中途島」，是日本史學界關於此戰的權威作品。此人大約是自感殺業太重，所以戰後改行作了牧師。

報紙與讀者

前些日子，台北美新處舉辦了幾次有關大衆傳播的演講會與討論會。有天我應邀前往，以「報紙與讀者」爲題講了一小時的話。席間有好多位長者如歷史學名教授劉崇鋐先生等在座，令我不勝惶恐。

那一連串的演講會由政大新聞系主任徐佳士兄首開其端。第二次是政大的客座教授由密蘇里來的梅瑞爾博士，講題是「自由與責任」，美國的新聞學者對於新聞自由自然執之有故。我個人與他的看法稍有異同，所以，我願意承當第三次的講題，對梅瑞爾先生的話有所補充。

自由與責任互相對待，這是當然之事。不過，新聞自由的倡導，在於求事益眞，求理益明，它本身並不是終極的目的。世間本無所謂絕對的自由，每一種自由都包含有責任感在內。有責任感的自由，才是最堅實的自由。新聞自由亦復如此。

爭取新聞自由與維護新聞自由，在報業固然義不容辭，其實，讀者也負有責任。報紙的責任是要通過新聞報導、評論、專欄、文藝、圖片、和廣告，增進民智，反映公意，進而使國家富强，社會進步。讀者的責任，便是要注視報紙的服務，是不是能達到它自己所定下的標準。

讀者如何履行其責任呢？方式很多，首先他必須是一個讀者，是一個經常不斷而且熱心的讀者。世界上先進國家如歐美和日本，都是在全體國民中，平均三兩個人就買一份報紙。而我們現在人口一千四百萬，各種報紙總銷路一百一十多萬份，算起來十三個人才買一份報。照理說，經濟進步，敎育普及，交通發達，應該是報業發展最理想的天地，我們具備這幾種條件，而報業與人口的比率遠不及世界標準。所以，我願重提一個觀念：現代國民不能一天不看報，如果平均每個家庭都訂一兩份報，則報紙的服務還可以有很多的改進。至於刋登報紙廣告，也是同樣的道理。

在另一方面，報紙是一種龐大的力量。西方研究政治哲學的人說：「權力使人腐化，絕對的權力，使人絕對腐化。」今日的報業已經成爲 Establishment 的一環了，報紙有沒有犯過有意或無意的錯誤呢？有沒有濫用自由呢？有沒有利用「公器」以達私欲呢？這都需要讀者經常不斷的批評與督導。眞正愛護報紙與新聞自由的讀者，不可做「沉默的大多數」。讀者的意見，正如同

報紙與電視

有位先生問：電視新聞對報紙有沒有影響？這是個很有趣的問題。報界的人，無分中外，都認爲電視新聞對報紙的影響很少，他們舉出報紙發行的數字爲例，凡有電視的地方，報紙銷路都不但沒有減少，而且在增加。電視新聞增加了公衆的新聞感，看電視的人同樣也要讀報，在一般人的心理，白紙印黑字總比聽聽看看就算了要「靠得住」的多。去秋在紐約訪問美聯社和紐約時報，都談到這個問題，幾位新聞界要角都表示，報導方法截然不同的兩種大衆傳播媒介，彼此雖有競爭，但談不上甚麼影響。像由助理國務卿轉進到報界來的格倫菲德就說：「電視上的新聞，反正總不過都祗是一條新聞的前三句話。」

可是，電視新聞眞是這樣無足輕重嗎？遠者不談，像亞洲運動會與留美學聯籃球賽，這類活動在螢光幕上放映出來，遠比文字討巧得多。而公衆對於電視新聞發生興趣，往往也就由這些動作而來。

前些日子讀到一位英國電視記者羅賓・戴（Robin Day）的文章，檢討電視新聞的優點與缺點，頗爲公允。此人曾任英國廣播公司節目主持人十年，獨立電視新聞社的政治記者五年。他說：「作爲一種新聞報導的媒介，電視本身具有危險的限制。」電視新聞一定要靠畫面，因此必須集中於動作而不强調思想，注意發生的事而不注意問題，注意驚人之擧而不注意解釋，注意人物而不注意觀念。「電視要震撼人的情緒，而非訴諸人的理智。」

戴氏指出，電視以報導戲劇化、充滿了動作的事件見長，譬如戰爭。凡關戰爭的報導自然免不了作戰情況與死傷。他指責歐美的電視，集中在作戰與死傷的報導，而排除了「爲甚麼要打仗」、「挑起戰爭的責任誰屬」、和「除了作戰之外，還有甚麼別的解決之道」這一類問題。

新聞報導要注意一事之兩面，可是，「電視衹能報導衝突雙方中一方面的情況。」譬如越戰，是人類史上第一次由電視報導的戰爭；戰爭免不了死傷，免不了種種恐怖的遭遇與暴烈的行動。但，這是雙方皆有的。美國公衆反戰情緒瀰漫，部份理由是他們從電視上衹能看到新聞的一面，——美國人「挨打」的一面。

電視作爲新聞報導的媒介，歷史最短，技術上與觀念上都還有許多可以改進的地方。如何在畫面以外更能表達意義，這是電視新聞當前的難題。

報紙與電視相較，有短處也有長處。最大的一個長處是能讓人邊看邊想；所以報紙不僅能報導事件，而且更能分析其背景與意義，不厭其詳盡深刻，因而可以滿足公衆的求知欲。

六十年一月卅日

看，不等於瞭解

羅賓．戴以一個資深而優秀的電視記者身分，現身說法，告訴我們一些電視報導的難處。照歐美的標準，一個電視採訪隊至少需要四個人，二十箱器材；行動起來遠不及一個報紙的記者方便。卽令得到了通行許可與交通工具，到達了現場，又必須能找得到可以談話的人；而這個被訪問者往往事先就要求不可問他某些問題。戴氏認爲，電視實在無法對全世界的大事，「給予公平而均衡的報導。」

電視新聞的長處，是能够讓觀衆「看到它發生」(See it happen)。可是，戴氏說，「看到並不一定就等於瞭解。而且，觀衆看到的是經過選擇的景象，並非全部的圖畫。」

由於越戰的經驗，戴氏痛切指出，「將來，在一個實行民主政治的國家裏，每一個家庭都有不經檢查的電視，這個國家根本就無法打仗了，無論那場戰爭是多麼合乎正義。」

戴氏就歐美電視界的情形提出批評，他說，電視絕不容完全落於「那些主要興趣在於輕鬆娛樂的人」手中。否則，電視新聞便會被迫而走向激情化、娛樂化的歧途上去，而儘量避免某些太嚴肅或不容易流行的話題。

戴氏最後的結語是，電視的首要責任，是誠實地追求眞理，「如果它能在自由、負責、獨立的情況之下工作，電視可以成爲反抗偏見、不平、與無知的武器。」

從羅賓・戴的文章裏面，使人可以體會到電視新聞的限度與電視工作者所面臨的困難。眞是一行有一行的難處。

我們的電視事業開始至今不過十年，與歐美電視業固不能相提並論；但他們已經發現的缺點，在我們這兒或者是還沒有，或者是雖有亦不顯著。十年是一個成長期，作爲觀衆之一，希望我們的電視能够及早注意。像美國電視那樣專門踩自己的「痛脚」的事，大概不致於發生，可是，如何使新聞報導更求公正而均衡，尤其是如何不要因畫面之所限而走激情化和娛樂化的覆轍，是值得隨時檢討的。

無容諱言，電視之吸引羣衆，主要在其娛樂性；所以，觀念上必須先要守住一道關口，電視新聞絕不是娛樂的附屬品。我們現在的綜藝節目中唱歌、跳舞、猜獎之類的玩藝兒似嫌太多，其實這些「陣地」也應同時注意到新聞的配合。派專人、花大錢去採訪少年棒球賽和亞運會當然是很好的服務，若像李卓皓這一流的人物，也能有電視記者專誠去訪問一番，把他的實驗室工作與家庭生活都讓大家「看着它發生」，不亦甚爲値得？我並非輕視電視新聞已有的成就，而是希望它更好、更新、更充實，而不止是大部份在讀新聞稿。我相信電視新聞與報紙雖有競爭，但可以共存共榮的。

六十年二月一日

勤字當頭

關於新聞學的書籍裏面，無分中外，都是以採訪學方面數量最豐富，內容也比較有趣。還有很多以事業爲主體的歷史記錄和以人物爲主體的傳記，其中也免不了涉及採訪。這是由於採訪是取得新聞的主要手段，一般讀者不僅對於新聞有興趣，同時對於新聞是如何取得的也感到興趣。以新聞採訪爲題的書，在新聞學範疇內可讀性最高。採訪最接近常識，而在常識中又有爲外行人所想不到的學問。

馬克任兄從事新聞工作二十餘年，其中有十五年是擔任採訪主任。他最近發表「實用採訪學」一書，着重在「實用」觀點。他最初寫這本書，是應僑民教育函授學校（即現在的中華函授學校）之約，撰寫採訪學講義，每月一講，供海外有志從事新聞工作或對新聞學有興趣的華僑青年參考。此書全文十講，一八一頁，由台北七十年代公司出版。因爲是以講義爲底子，所以內容深入淺出，行文儘量保持口語化。在每一講之後都有習題。書中所舉例證，大部份是近年發生的大事，因而讀起來更覺親切。

十講之中包括新聞採訪的基本觀念、怎樣採訪新聞、新聞寫作概說、寫作分論、採訪自由、採訪行政、和採訪政策等問題。

作者認爲，「採訪之道，勤快居首。」勤快是採訪任何性質的新聞必須具有的先決條件。腦筋要動得快，腿要跑得快，筆要下得快。而勤能補拙，勤比快更要緊。

其次，他强調一般知識的重要性，他引一位英國名記者的話說，「一個新聞工作人員的教育永遠不會完畢，有些知識是他這一行的主要工具，他必須懂得。」這所謂有些知識，包括本國的史地、制度、教育、重要的人物、重要的事件。「當撰寫或審查一件消息時，應該知道向甚麼地方去獲得所需要的知識。」無論採訪工作將來分工細密到如何程度，一般知識仍是最基礎的功夫。所以，身爲記者而不廣讀書報，吸收新知，其成就是有限的。

關於採訪政策部份，作者强調「獨立採訪」的重要性，反對「合作交換」，認爲不斷爭取獨家新聞，力求報導新聞的正確，是獨立採訪的目標。對於剛剛出道的採訪線上的新銳，這都是寶貴的忠告。不能有此「獨往獨來」的氣概，工作就很難見精彩了。

六十年五月廿九日

瞭解與支持

閒常與新聞界朋友們談天，我總是建議大家多寫作，尤其是關於自身工作的經驗與心得，無論是當時的紀錄或事後的回想，都有其一定的價值。小之可以爲當時的新聞做參註，大之可以爲將來的歷史存史料。更重要的是，能夠增進新聞界以外的讀者對於新聞工作和新聞記者的瞭解。我個人認爲，社會恐怕沒有任何一種行業像我們新聞界這樣需要公衆的瞭解與支持的了。

最近，讀到李勇先生的「新聞網外」（皇冠社出版，一六六頁），正是一本談工作經驗與心得的書。作者說，「記者的權威每天接受考驗，他的能力每天面臨挑戰，任何一時的疏忽與懈怠，都難以得到別人的諒解。」李勇服務新聞界十有三年，致力於社會新聞的採訪工作，正是一般人認爲最「神秘」、最富傳奇色彩的。作者就是在接受考驗與挑戰之餘，寫出了他的感觸與一些比較特殊的遭遇。

全書共十五篇，像第一篇「新聞來源的保密」，是各國新聞界歷來討論很多的一個問題。在一般情況之下，新聞記者對於新聞來源應該保密，不僅是一種職業道德，也是做人應負的道義責任。李勇的文章中沒有多談理論，他祇舉出採訪某一治安機關的經驗——一位平日「文質彬彬」的組長，爲了要向他追究某一條新聞的來源，趕到李府，一番爭辯之後，竟掏出了手槍來，「好，老兄，你既不給我面子，我也就不客氣了！」當然，後來因有第三者的趕到，沒有演出不幸的慘劇。那位組長今已作古。可是，這一段故事活鮮鮮地說明了社會上還有許多人，對於新聞工作的意義與使命缺乏瞭解。

此外，如「新聞的查證」等篇，都是用實例來說明新聞採訪工作求眞求實之不易。又如「探討少數新聞工作者墮落之根源」、「清除新聞圈中的敗類」，大膽地爲新聞界「扒糞」；我雖濫竽新聞界二十多年，但因久任內勤，不免孤陋寡聞，從來沒有想到我們新聞界竟有這等「人物」，連敲詐勒索都幹得出來。難怪有些人聽到記者之名要心驚膽怕了。其實，正當的記者絕不敢如此，也絕不屑於如此。新聞界中人秉筆直書，用文字揭發這種醜行的，「新聞網外」也許是第一本書。新聞界應該如何自淸自律，不要讓少數的害羣之馬把整個行業的聲譽都搞壞，實在是很值得討論的問題。

關於社會新聞寫作的方法，作者也提出了「實踐派」的看法，與「經院派」大有異同。我不盡同意他的意見，但他能很誠實地把自己的意見發表出來，不作依違兩可之論，倒也正是靑年人的可愛之處。

六十年二月十四日

天涯趣語

偶見趙寧詩畫一幅，詩曰：

「老大加利福尼亞，
老二路易斯安那，
老三奧克拉哈馬，
二老福摩沙彰化。」

畫中有白牆一堵，上懸老大、老二、老三方帽子照片各一幅；前坐二老，在搖椅中相對而泣。在留美成潮的今日，這是相當寫實的一景，可能出現在台灣的許多家庭中。讀此詩令人想到馬致遠的天淨沙「枯藤老樹昏鴉」，其間雅俗固有不同，但兩者皆不著一動詞，全憑景物烘托出

「斷腸人在天涯」的蒼涼意境，哀感惋嘆，悉在其中矣。

趙寧在台大讀政治系，而以「詩畫展」知名於世。赴美後轉攻大衆傳播，課餘爲台北報紙寫通訊，詩情畫意與鄉愁皆來筆下，數年來積得四十六篇，結集由皇冠社出版，都一八五頁，題爲「趙寧留美記」。

比年以來，由於留美同學日多，留美通訊隨之泛濫，令人有「而今已覺不新鮮」之感。趙寧留美記所寫種種，以前有人寫過，以後恐怕也還有人會再寫，但他的長處在於其別出心裁的風格。葉公超先生在序言中說，「著者用了舊章回小說的體裁，夾著武俠小說的語調，而其內容卻都是很新鮮的洋玩意。這種配合，好像舊瓶裏裝滿了新酒似的，增加了不少吸引力。」這是作者的聰明處。這一形式的敍述猶不僅是文字上生動爽利，而且頗適合作者「乍抵異邦淚兩行」的感慨，與「高山青澗水常藍」的洒脫。故國鄉思念在懷，而「洋玩意兒」又不斷逼人而來，趙寧筆下的悲喜，都極爲誠懇，並不因武俠小說體而沾染流氣，反因此流露了青年人的活力與熱情。而這亦正是留美青年可愛的一面。

作者以打油詩與畫漫畫的筆意寫留美記，其中人物頗有「漫畫感」，譬如「有一天，我跟岳師傅去看跑狗。岳師傅是俺同鄉，小小的個子，四十郎當歲了，還是孤家寡人一個……洋文雖弗大來事，鈔票可是木勞勞……進得場去，但見萬頭鑽動，八狗並列……岳師傅也掙紅了臉用他的

「文藝出口」一見

前些日子，在華盛頓大學任教的施友忠先生，乘返國度假之便，與台北文藝界的一些朋友舉行了一次不拘形式的座談。座談的主題是如何將我們的文藝作品介紹到海外去。施先生是將劉勰的「文心雕龍」譯為英文的人，不僅學力深厚，而且深知譯事之艱難。他雖久居海外，而心繫故國，平日對國內的文藝創作頗為留心。他認為近二十年來，國內文壇上已經產生了不少的新人新作，值得向國外推荐。在談話中，施先生的報告顯示他對這個問題籌思已久，對於如何敦請負責翻譯的人選，如何與美國的學術出版機構洽商，多少也都有了一個相當具體的構想。他希望於國內文藝界朋友們提供意見的是：究竟國內對於這個計劃能出些什麼力量？或更縮小範圍來說，如果我們眞要促成「文藝出口」，應該從何處著手？

那天晚上，大家的發言很熱烈也很廣泛。我個人贊成無妨先從短篇小說和詩來入手。對於文藝作品，我的欣賞趣味雖然不拘一格，但我認爲要向海外介紹，便應以能反映我們當前的現實生活與心情者爲最優先。文藝作品皆是心靈的交流。我們今日最需要的是披心瀝膽，與世人相見。

身爲新聞記者，我自然常常會想到宣傳。但是，文藝絕不是立竿見影的宣傳。如果以辦宣傳的動機去從事文藝工作，創作也好，運動也好，皆是對文藝的崇高性無禮的褻犯，而且常常會收到與宣傳相反的效果。但是，最眞實的作品，最高尙的文藝，也就正是最有力的宣傳。唯有眞實才能增進人與人之間的瞭解，眞實的人生，眞實的感情，眞實的文藝，我們並非沒有「拿得出去」的東西。

「文藝出口」已經談了多少年。過去，可惜是議論太多而實踐太少。這個問題雖然看起來困難重重，但其實，也正和天下一切困難問題一樣，祇要開始做，祇要繼續不斷地努力，總有做出成績來的一天。

施先生不畏艱阻，不辭繁勞，來倡議從國外推動這一意義重大的工作，而且拿得出相當實際可行的辦法來，令國內文藝界的朋友們深受鼓舞。政府方面教育部文化局日昨也與施先生和有關人士交換意見，在朝野各方一致支持之下，希望這件工作能早日開始，儘速促其實現。

五九年四月十七日

文學翻譯獎

談到文藝作品的交流，便離不開翻譯。文學性的翻譯，有人稱之爲「再創造」，絕不止於由一種文字譯爲另一種文字；其間牽涉到風味、品味、學養等許多問題。翻譯工作要做得好，可以說與創作同其艱難。

談到了時下文學作品的翻譯，大家都有「才難」之嘆。我們不是沒有外語人才，而是難得適當的人才。蓋翻譯工作，精嫻中外語文只能說是必須具備之條件的一部份；此外，他還要同時具備相當的文學修養，他的理解力與欣賞力必須相當之「文學」，否則，任憑其語文能力與外國人一樣地純熟正確，仍不足以言文學性的翻譯工作。記得好多年前聽一位外國作家講短篇小說的寫作，擔任傳譯的一位先生思路口齒皆極清晰，據我粗淺的瞭解，他的英語造詣很不錯，但對於文學寫作則相當隔膜；像愛倫坡、歐亨利、傑克倫敦、安德遜等短篇小說大家及其作品，他似乎都並不熟悉，譯起來乃至聽起來，便都不太「得心應口」。口譯如此，筆譯自更是如此。

所以，無論爲出口（由中文譯爲外文），爲進口（由外文譯爲中文），都需要長期培養大批的專才；同時，對於翻譯工作也應該予以更大的重視和更積極的獎進，使現有的翻譯人才樂於專心其事，提供更多更好的貢獻。

談到獎勵翻譯人才，不禁想到近年各種公私機構設置的文學獎，卻沒有一種是設有翻譯獎的。這多少亦反映社會上視翻譯爲文學的「化外之區」的心理。這種心理是否正確，大有商量之餘地。

「時代」近期的封面主題文章，介紹西德名作家葛拉斯（Günter Grass）其人及其作品。前些日子的「一九六〇年代回顧」特稿中，又盛讚葛拉斯的長篇「小錫鼓」是過去十年間最重要的十本小說之一。但非德語讀者與葛拉斯的作品相接近，可以說完全是透過了英文譯本。「小錫鼓」的英譯本，出於曼希謨（Ralph Manheim）的手筆。此人現年六十三歲，比葛拉斯年長二十一歲，他是美國人，卻定居巴黎，精通數種語文。他所譯的「小錫鼓」傳誦一時，英譯本單在美國就銷了六十萬册。曼希謨由於這個譯本獲得了一九六四年國際筆會的翻譯獎。最近因譯另一位歐洲作家的「城堡至城堡」，又獲得美國一九七〇年的最佳書籍獎金。可見文學翻譯獎的設置，不僅在我們這兒有必要，在外國也早已有成例可援的。

五九年四月十八日

藝多而文少

文藝是什麼呢？照一般的瞭解，便是文學與藝術。就文學而言，小說、詩歌、散文、評論、戲劇、傳記皆屬之。藝術則包括繪畫、雕塑、音樂、舞蹈、電影、建築。文藝的精神，是在求眞求善求美，將人生現象透過藝術的手法予以表現，追求理想化的境界。

中國文化思想以孔子爲正宗，論語有言：「子以四教，文行忠信。」劉寶楠論語正義對四教的解釋是：「文謂詩書禮樂，凡博學、審問、愼思、明辨，皆文之教也。行謂躬行也。中以盡心曰忠。恆有諸己曰信。人必忠信，而後可致知力行。故曰，忠信之人，可以學禮。此四者，皆教成人之法，與教弟子先行後學文者不同。」

觀乎此，可知孔子心目中的文行忠信，應是高等教育的內容，而孔子之所謂文，是涵蓋了禮樂在內的，很近乎今人之所謂文藝。或者說，文學是其中主要的項目。

文學與藝術孰重孰先，我覺得這是個不值得辯論，而辯論也不會得到結果的問題。但我們承認，文學自身有其優越的條件，本其「入世」的特質與人生結合，其影響力之廣遠，往往非其他藝術所能及。譬如說，「制禮作樂」，也還是要靠文學爲先導、爲基礎的。

遍觀古今中外的歷史，凡時代思想流風之變，大抵是以文學爲其前驅，而以哲學爲其後盾。藝術之興起往往受文學創作之衝激，也往往受哲學思想之影響，最後乃匯合爲此一時代之主流。任何文藝運動皆不能不以文學爲重點，這並非意味著文學高於其他藝術，而是說，文學作品對於現實人生有更大的相關性；同時，社會一般公衆之欣賞文學作品，遠比欣賞其他藝術形式爲普遍、爲容易。文學以文字爲工具，一卷在手，枕上、馬上、廁上都可以欣賞忘情，這是任何藝術難以比擬的。提倡文藝而冷落文學，未免令人有捨本逐末之感。

最近，教育部文化局倡導「文藝季」，由二月到五月，有許多的活動。這是很值得鼓勵的做法。不過，這爲期三個月的活動項目之中，影劇、音樂、舞蹈、繪畫都列了很多，而於文學活動，幾乎形成了「缺一門」。究竟是我們的文學已經好得不必再加倡導，還是壞得不值一談了呢？當然都不是的。也許是因爲文學不够「熱鬧」吧。

文學的確不容易熱鬧，但我們生逢一個需要「向下紮根，向上結果」的時代，光看熱鬧的一面是不够的。我誠懇希望，在任何以「文藝」爲名的運動中，不要忘了文學。

六十年二月十九日

讀「總決議」有感

前些日子，國民黨中央召開過一次文藝工作研討會，通過一項總決議，其中包括三個要點：一是繼續貫徹戰鬪文藝運動，使文藝充份發揮作爲思想作戰前鋒的功能。二是建立三民主義的文藝理論體系與創作路線。三是發揮以「仁」爲極致的中國文化精義，宏揚民族的正氣，照耀人性的光輝。這個總決議案非僅爲黨的文藝工作提供了準則與方向，而且也正是每一位愛國家、有血性的文藝工作者應該努力以赴的目標。當此危疑震撼之際，文藝如果不能救國家，振國魂，要那樣的文藝有何意義？

總決議的內容相當具體，應該如何與不應該如何，都有一些說明。同時也仍保持極大的彈性，譬如「鼓勵具有強烈民族大義與愛國情操的血淚之作」，和「建立敦厚、清澈、明朗的文藝風格」，都使文藝工作者可以匠心獨運，發揮其獨特的才華。總決議所重者在精神、在目標，至於如何發揚這種精神，達成這些目標，那需要每一位文藝工作者各就其自身的志趣與才能，追求最佳的表現方式。

但是，有一句話不能不說；戰鬪文藝運動倡導至今不止一年了，收穫如何呢？如果大家用這一次的總決議爲標準，衡量一下當前文藝界的實況，沒有人能說十分滿意，在「當前文藝某些不正常現象與傾向」那一段話裏面，有些毛病的確是存在著的，「毒害世道人心的赤色作品，傳佈失敗主義的灰色作品」，此時此地，大致已予根絕。但是，「荒誕神怪的黑色作品，荒淫無恥的黃色作品，媚外驕內的洋奴作品，唯利是圖的市儈作品」，却是俯拾卽是。無論書籍、報紙、雜誌、電影、電視、廣播裏，都不難找到例證。何以會如此呢？原因可能說上一百種；而最主要的一點，就是商業化。文藝作品本來應該站在時代的前端，敷施敎化，鼓盪風潮，反映現實的人生，揭櫫遠大的希望。今日的文藝作品，有頗多的成份淪爲太平盛世的點綴品，作爲消閒，尙且不足以登大雅，又如何能談到「立懦廉頑，喚醒國魂」？

所以，單單通過幾條準則，指出正確方向，還是不够的。如何達到那些準則，如何走向那個方向，才是最要緊的事。我們需要「有意識地」努力，不要敷衍了事，祇是追隨在低級趣味、風花雪月後面打圈旋磨。

文藝工作者不僅要有智慧、有仁心，尤其需要有勇氣。這勇氣就是要面對現實人生，說眞話，行正事，眞正做到以筆爲劍，勇往直前，以堅實的作品爲戰鬪的時代作證！

六十年二月二十日

中華文獎會

談到提倡戰鬪文藝，不免令人懷念當年的中華文藝獎金委員會。當那個機構存在的時候，各方面也曾有許多的批評；可是，事後回想起來，這二十多年來，以一個委員會而對於文壇發生了相當大的影響，培植了若干寫作的人才，尤其是對於創作路向與風氣，產生了積極的作用，此皆有從前的作品可資回顧；恐怕沒有另外一個機構可以比擬了。

中華文獎會的主持人張道藩先生，和負責執行的葛賢寧先生，今皆已作古；就是當他們在世時，我與他們二位也不過相識而已。我雖寫作不輟，但絕少向文獎會投稿。可是，我覺得文獎會當年的「遺規」，對於今天的文壇仍然是很需要的。

從表面看起來，文獎會與今日的各種文藝基金會似乎沒有甚麼顯著的不同，也不過一年通過幾部優秀作品而已。實際則尚不止於此。

文獎會最大的特色，乃是經常收件，凡是合乎標準的文稿，文獎會皆可致贈稿費；該會本身也辦出版社，並且發行「文藝創作」，後來好像改名爲「文藝月報」。但文獎會所收的稿件——小說、論文、詩歌、劇本，都並不以自身出版爲限，而是普及於整個文壇的，或至少是以普及於整個文壇爲理想的。亦正由於此，文獎會不僅是製造所謂「明星」，也帶動了創作的風尙。

文獎會所取的作品，不一定全都是很好的，其缺點便是有一部份作品難免具有八股氣味。用今天流行的名詞來說，那便是「不一定都是好的文藝作品，但却都是很努力的戰鬪。」

當年所選的優秀作品中，如潘人木女士的「蓮漪表妹」，如端木方先生的「殘笑」，水準似非今日的「戰鬪文藝」所能及。

蔣百里先生的名言曰：「生活條件與戰鬪條件相合者强，相離者弱，相背者亡。」文藝活動是生活中重要的一部份，廣義的戰鬪文藝並不祇是殺、殺、殺，砍、砍、砍。我們的文藝作品中有多少是含有積極的意義，足以「宏揚民族的正氣，照耀人生的光輝」呢？眼前的形勢，實在需要有一個長期性的機構認眞負責地去推動。文獎會的工作絕非十全十美，但是，我們現在連那樣一個機構也沒有了。我覺得，在倡導戰鬪文藝運動與文壇的實況之間，似乎缺少有力的催生劑。究竟應該怎麼辦，關心戰鬪文藝的朋友們似乎可以凝神深思，共籌良策。

六十年二月廿一日

第一步

中華民國圖書館學會，爲了提倡讀書風氣，鼓勵大家瞭解圖書館的重要性，並且「多多愛用」，確定了每年十二月一日至七日爲「圖書館週」；今年是第一屆，本年所標擧的口號是「讀書最樂」。推行圖書館週的四個重點，也可以說四大目標是：一、介紹圖書館之設施；二、運用圖書館之資源；三、培養大衆讀書習慣；四、倡導正當休閒生活。這四個目標都甚爲具體，就目前社會情況言，也的確有大加倡導的必要。

中國人久有「惟有讀書高」的信仰，「學問爲濟世之本」也絕不止於老生常談。我們歷來是頗以肯讀書、善讀書自豪的。不幸的是，國家久經戰亂，時衰世變，學問越來越不值錢。在某些青年人的心目中，漸次覺得除了爲大專聯考或者考托福之外，讀書猶不及學流行歌曲來得「實惠」。但是，國家要有出路，民族要有前途，讀書風氣是不能不提倡的。值得欣慰的是，社會上畢竟也仍有千千萬萬的人對於求取新知，如飢如渴。到台北的幾處大圖書館和重慶南路書店街走走，便會發現那些「可愛的」讀書人——我常常覺得，那是台北最美麗的風景之一。

天下之書，讀之不盡。要讀書便不能不曉得利用圖書館。圖書館學是一門內容豐富的專門學問，但如何利用圖書館却是每一個讀書人應當具有的常識。正如同常出門旅行的人雖不必專攻工程學，却不能不曉得如何買票乘飛機、坐火車。圖書館是爲公衆服務的機構，但，要使它的服務能使你得益，你最好是養成多多與它「親近」的機會。

照從前的老觀念，圖書館是「庋藏典籍」之所，收藏越富越不喜歡給人看；現在，這種想法早已是「中外共棄」。衡量一座圖書館的價值，不單是看它的設施如何完美，藏書如何豐富，而更要看它對公衆服務的成績如何。第一屆圖書館週實在是有雙重的教育意義，一方面是在啓導公衆對圖書館的認識，另一方面也可以藉此更加强圖書館從業人員服務的熱忱，從服務之中贏取社會各方面更大的信心。

政府當局近年來爲發展圖書館事業所投入的力量不少，省立台中圖書館的興建是一個顯著的例證。台灣大學圖書館學系最近幾屆的畢業生留在國內服務者逐漸增多，這都是令人鼓舞的現象。在公衆的需要與支持之下，我們的圖書館事業一定是日增月盛，大有前途。第一屆圖書館週是

本國作家的權益

在報上看到剛剛環遊世界回來的熊鈍生先生的談話，說我國正在考慮參加世界版權公約。熊先生是內政部出版事業管理處處長，版權問題正是他主管的工作。雖然這個問題牽涉很多，但此刻能開始考慮，能够面對一樁六十年未決的懸案去尋求解決之道，總表示是一種進步，不僅是觀念上的進步，也是我們出版事業進步到可以承當國際間正常義務的證明。

不過，在參加世界版權公約之前，有一種現象值得大家注意，那便是國內對於著作權的蔑視與侵越，近時有愈演愈熾之勢。幾年前的「盜印之風」，本來就是由內而後外，盜印本國作家的作品得手之後，「技術水準提高」，才去開始翻版大英百科全書，而招致了騰笑萬邦的惡果。所以，今天要談參加世界版權公約，我們就必須要同時强調，重視本國作家與出版家的正當權益。

一本著作的完成，是作者嘔心瀝血的成果，所以，著作權在民主自由的社會中，被視爲財產權的一部份，私有財產是受到法律保障，不容侵犯的。我國法律上也有同樣的規定。

但是，實際情況如何呢？說來很令人氣短。有一些出版機構，任意搜集報章雜誌上的文章，不經原作者同意，就擅行出版了。不僅作者應享的權益與報酬完全談不到，甚至在自己的作品被盜印、被發售，還毫不知曉。這眞是無法無天。

過去幾年間，「三三草」對於國外出版事業發展進步的情形，介紹得很多。我的用心無非是「恨鐵不成鋼」，希望由此而促進國內出版事業的進步。美國一年出書三萬種，賣書四五億册；日本的出版事業龐大到可與電子工業分庭抗禮；我們數千年文明古國，首先發明造紙術與印刷術的中國豈可久居人後？我們的經濟成長率是百分之十，國民義務教育延長到九年，出版事業的發展是有無窮潛力和光明遠景的。少數不肖敗類，混跡其間，以盜騙爲常業，對作者而言是殺鷄取卵，對正當的出版事業而言，則不啻一顆老鼠屎，攪壞一鍋粥。

盜印之尤令人髮指者，是因爲事前偷偷摸摸，不敢讓原作者知曉。對作品則割裂竄改，任意胡爲；至於原作品中不對的地方，也照樣流傳不「誤」，書上却又明明印著原作者的尊姓大名。這種欺騙社會、愚弄讀者的事，近來越來越多了。

我個人很贊成中華民國參加世界版權公約，我也誠懇希望，朝野各方必須同時重視本國作家

著作權法

由於出版界少數敗類侵害作家權益，形成一種惡風。輿論交相指責，政府當局也極爲關切。如何保護著作權一時乃成爲各方關切的話題。

談法律權益自然應以法律爲依據。我國的「著作權法」，於民國十七年五月十四日由國民政府公佈同日施行，其後經過三十三年、三十八年修正，現行的條文則是五十三年七月十日總統令修正公佈同日施行的。全文五章四十二條。

近來由於被盜印的書籍以文藝作品爲多，大家遂不免多注意到文藝作品上面去。其實，著作權法所保護的範圍遠較此爲廣。

究竟著作權的內容是甚麼？著作權法第一條就是定義：「就左列著作物，依本法註册，專有重製之利益者，為有著作權。

一、文字之著譯。

二、樂譜、劇本。

三、發音片、照片及電影片。

就樂譜、劇本、發音片或電影片有著作權者，並得專有公開演奏或上演之權。」

何人能享有著作權？享受多久？請見同法第四條：「著作權，歸著作人終身享有之，並得於著作人死亡後由繼承人繼續享有三十年。但另有規定者，不在此限。」就保障作家權益，維護文化創造力而言，可謂法良意美，設想週至。甚至於在著作人及其繼承人享受權益期滿之後，法律對作品仍有保障，見第二十一條：「著作權年限已滿之著作物，視為公共之物，但不問何人，不得將其改竄、割裂、變匿姓名或更換名目發行之。」

現行著作權法中最值得大家記取的一段話，是第二十六條：「就已經註册之著作物，為左列各款之行為者，如未得原著作人之同意，以侵害他人著作權論。」此處的左列各款，包括「選輯他人著作或錄原著作」等四項。我特別欽佩當初立法諸公强調「未得原著作人之同意」的一點。作家嘔心瀝血，完成著作。而他的作品竟在他自己不同意或根本不知情的情況之下被他人處分，自非事理之平。

侵害與罰則

著作權歸著作人終身享有，他去世之後由其繼承人繼續享受三十年。法條說得十分明白，大家應該有此共同瞭解。

著作權法第三章，都是有關「著作權之侵害」的有關規定。侵害有許多種形式，最要緊的是第十九條裏所說的「翻印、仿製或以其他方法侵害利益。」再加上昨天所談「未得著作人之同意，以侵害他人著作權論」的那一條，都是權利人可以「提起訴訟」的。

侵害著作權應該受到甚麼處罰呢？著作權法第三十三條規定得非常清楚：「擅自翻印他人業經註册之著作物者，處二年以下有期徒刑，得併科二千元以下罰金，其知情代爲印刷或銷售者，亦同。」同條又規定「仿製或以其他方法侵害他人之著作權者，處一年以下有期徒刑、拘役⋯

…」。若是以翻印或仿製爲常業者，「處三年以下有期徒刑，得併科三千元以下罰金。」

關於這一條文，最近有朋友建議，希望司法機構「最好能嚴格執行」，對違反者依法判處徒刑，「不能改爲易科罰金」。

其實，仔細玩味原條文，都是硬性規定處徒刑的；下面緊接著「得併科」，而不是「或二千元以下罰金」，更沒有「得易科」的字樣。「得併科」是說在判了徒刑之外，法官認爲必要時，還可以罰錢。所以，侵害他人著作權者一經判罪，就是一場牢獄之災。如果說過去確曾發生過「易科罰金」的事，希望今後司法界在引用法條時堵塞這個漏洞。

侵害著作權的責任猶不止徒刑與罰金而已，同法第廿七條規定：「著作權之侵害，經著作權人提起訴訟時，除依本法處罰外，被害人所受之損失，應由侵害人賠償。」換言之，坐牢罰款之外，還有民刑事官司要打。法律的規定不能謂爲不嚴格了。

最近幾年來，我因偶在報端撰文，所談論者以涉及出版者爲多。我深信，一國圖書事業的發達，應是文化復興運動中重要的一環，也是國家文明進步的重要指標之一。大多數出版業者兢兢業業，方有目前每年出書二三千種的蓬勃現象。不幸因有少數不肖者混跡其間，蔑視法律，侵權營私，著作人的權益固然受到影響，正當出版事業尤蒙打擊。這種壞風氣如不早日戢止，整個的文化工作都要受到連累。過去從事盜印翻印乃至不經原著作人同意而侵害他人著作權者，有的是

走正路

十月間過休士頓，主要目的是參觀美國太空總署；快要離開的前夕，兩位以前沒見過面的青年朋友張元樵和石麗東伉儷請我們在「明宮」吃中國飯，終席之時，談起休士頓的中國人，才曉得陳之藩博士就在休士頓大學教書，惜已時近午夜，不及拜訪了。

最近接到陳先生的來信，才曉得他當時遠在英國的劍橋大學，他今年被劍橋選為院士，這是很難得的榮譽。他說，「英國有一種美國所沒有的美，是一種 Charming，很誘人的。」他雖然到處飛來飛去，「生活之奇怪，快成了駕駛員了」，目前則小駐在那兒，繼續欣賞劍河的倒影。

他的信上說，劍橋有一家很大的書店，關於中國的書很多，其中只有一本是有關台灣的，即「台灣如何盜印」。

盜印一事為我們所招來的麻煩和詬辱，以前我曾多次談過。陳先生頗慨嘆於出版界之不爭氣，「他們大概不知外國人把台灣的出版商視為盜賊。」

然而，我們的社會是有公道的，是非羞惡之念還是有力量的，出版界（其實應該說只是其中的一部份人）過去作「無本生意」，雖然是利之所在，但外人的批評與觀感，他們也並不是一無所知。

最近，台北美國新聞處舉辦美亞書版公司的新書展覽。在兩千種新書裏面，有很多都是美亞取得原出版人授權而在台灣複印的。從印刷版本與紙張來看，視原版書絕無遜色，價錢的確低了很多，雖然由於付版權費而提高了成本，但這樣的做法，畢竟比悶聲不響地盜印要高明得多了。

據我所知，出版界之改變經營方式，取得授權而來複印西書者，還有很多家，譬如虹橋書店所印唐斯博士著「改變美國的書」，便是較近的一個例子。不過，美亞是做得最好，規模最大的一家。

圖書出版在現代化經營體制之下，可以發展為大企業；再從傳佈知識而言，其重要性更非普通生意可比。台灣的出版事業，發展潛力甚為可觀。授權複印進行順利，第二步便是如何擴大海外的市場。譬如美國書籍之行銷亞非兩洲，台灣可以承當複印後再出口的工作。又如日本的幾家大出版機構，也已有將原稿空運到台灣排版，然後再將紙型運回東京大量印刷的做法。從這方面發展下去，出版界打開一條外銷的出路，並不是不可能的。說「改邪歸正」也許稍嫌嚴重，至少是「化暗爲明」。出版界能够循規蹈矩走正路，錢未必少賺，「盜賊」之名總可以自此湔雪，這是值得我們鼓勵的。

五九年十二月六日

歷史小說「秦始皇」

方文長博士（Wilson V. Z. Faung）用英文寫的歷史長篇小說「秦始皇」（Chin Shih Huang）最近已在台北出版。這是近年來國人用英文寫歷史小說而在國內出版的第一部。「秦始皇」由作者自費出版，中華印刷公司承印。全書正文分爲九卷，八七五頁，當稱得起是一部巨著。

出身於上海聖約翰大學的方文長，在美國密西根大學與紐約大學深造。回國後擔任裕隆汽車公司的協理，主管財務部門。他的業餘嗜好是寫作。「秦始皇」是他第一本也是唯一的著作；但他致力於這本書的寫作與修改，前後歷時達一十二年。

在中國歷史上，秦始皇的確是一個充滿了戲劇性的人物，他以武力造成了一個空前的大帝國，而在不旋踵之間又告土崩瓦解。秦始皇其人爲中國人提供了「暴政必亡」的證據。

此書的每一卷都以一個人物爲中心，從呂不韋、秦始皇、李斯、趙高、燕太子丹、陳勝、扶蘇、到二世胡亥。作者自謂全書的主要情節，皆以司馬遷的史記爲本，細節則出於作者的想像，由此寫出了秦始皇的一生，以及他種種暴政對當時人民生活的影響。從體裁上說，很近於我國固有的演義；或者說是透過小說的形式，向外國人解釋這一段內容複雜而對後世影響重大的古代史。

諾貝爾文學獎得主，「大地」的作者賽珍珠女士爲「秦始皇」作序，讚揚作者在此書中對於秦始皇其人的性格描寫與心理分析。她特別稱賞宦官趙高內心情緒的刻劃最爲精彩。賽珍珠平生寫作，幾乎都是以中、日、韓三國爲背景，寫到中國人者尤多。她承認，西方人尤其是美國人，「對於中國所知殊少，對於中國人民的歷史背景、文化與社會生活，更缺乏瞭解。」所以，她認爲此書將是中美之間的文化橋樑——它用西方人能以瞭解的文字，描繪出中國古典文化的美德。

秦始皇的覆亡，已經是兩千多年以前的事了。但是，對於這一段史實，中國人永遠忘不了。要能瞭解秦始皇失敗的原因，才能眞正體會到中國文化與民族生命的永恆性。中國人是永遠不會在暴力之前屈服的。「秦始皇」一書的出版，雖然未必能卽列爲偉大的文學作品，但就今日的情勢而言，卻有其時代意義。

六十年六月廿六日

「成語典」便是爲解釋成語的一部工具書。此書由繆天華等六位先生編成，復興書局出版。正文部份八八六頁，另附分類索引一四八頁。編者編次「成語典」，大體上依清代趙翼「陔餘叢考」的體例增廣之。「凡經典語、詩詞語、戲曲小說語、孰語、俗語等，均加採摭，範圍極廣，共計一萬一千餘條。」趙翼當年所編，一共不過二百餘條，可見「成語典」的搜羅之富，規模非前人可比。

「成語典」一面用淺近的文字，解釋每一成語的含義，同時溯其來源，加以詳細的考證。在釋義之後，註出引書的篇卷，以便讀書者檢閱原書。譬如「無聊」一語，誰都免不了用到，最早的出處見於楚辭九思逢龍：「心煩憒兮意無聊。」全書所收最長的一例，可能是「我本無心圖富貴，誰知富貴逼人來。」是從北史楊素傳裏的話演變出來的。

有極少數是祇有釋義並無出處的，如「岸然道貌」；其實，這句話通常也顚倒過來說「道貌岸然」。有的出處雖有，但尚待繼續求證的。如「無一不知」見「兒女英雄傳」；「無可奈何」見「二十年目睹之怪現狀」。我猜想，在這兩本書之前的例子也許還有吧。至於「無事忙」出於「紅樓夢」襲人之言，我倒很表同意；中國人物中的無事忙，大概沒有比賈寶玉更出名的了。

「成語典」徵引古籍、類書、以及小說、詩詞、戲曲百餘種，爬梳尋討，頗費工力。這一類工作，雖與嚴格的「整理國故」尙有分別。但就保存、充實、與發揚中國語文的精神而言，是一

旅程與費用

農曆春節前後，幾天假期正是出門旅行的好機會；如果天氣好，遊山玩水一番，的確比別的消遣有趣味得多。中國人雖然向來相信「在家千日好，出門一時難」，但是，出門走走，即使當時頗有「難」處，回來之後，回想起來仍有餘味無窮之樂。

我們台灣地方不大，交通四通八達，說起來旅行應當很方便；然而，每當有了餘暇可以離開身邊瑣務外出一遊時，往往又會不知道到哪兒去好，眞如顯克微支那本名著的書名：「你往何處去？」

日本人之愛好旅行，世所週知；而日本政府與民間機構的善於倡導和組織，因勢利導，亦有功焉。日本的交通公社，大概相當於我國的觀光局或觀光委員會吧，對於民間的旅遊活動，頗盡其指導協助之勞。這個公社出版了幾種小型百科全書性質的參考書，一本專爲在日本國內旅行之用，書名「旅程與費用」，定價一千七百日圓。厚厚的像一本大字典。

「旅程與費用」是交通公社近五十年來不斷搜集資料，精心編輯的結晶。書中所包括的內容，北起北海道，南到琉球（順便說一句，早在「冲繩返還」的美日聯合聲明連影子都還沒有的時候，他們已經把琉球也包括在內了），舉凡日本的觀光勝地、名山大川、溫泉海灘、名勝古蹟，乃至各大都市中值得一觀的所在，無不網羅在內。每一觀光地的位置、特色、歷史背景，各有簡要說明；尤其對與旅遊最有關係的交通膳宿等資料，明確詳盡，眞正有「指南」的作用。書中有分區的彩色地圖，本文中又有專爲觀光某一名勝而繪製的明細圖。特別有名的地方則挿入彩色的風景照片，使讀者見圖動心，不能不去。

旅行的好處人人皆知，然而若不得其道，可能會弄到「出門受罪」的結果。所以有人說，旅行必須有經驗豐富的遊伴不可。但經驗是累積而來，誰也不是天生的旅行家。安排旅程與時間，尤其編造「預算」，都不是簡單的事。我認爲國內的觀光機構應該參照日本交通公社的做法，編出一本完整、明確、而且有系統、易查閱的旅遊指南來，對於促進國內的觀光事業，當能大有裨益。

五九年二月十二日

國外旅行手册

由於科學技術的進步，交通工具的發達，國與國之間的往來越來越頻繁，空間距離相對縮短。這是大家都瞭解的事實。台灣每年有成千上萬的人出國。具有出國旅行經驗的人都有這麼一個感覺：一個人如果光是在機場小停，或在高級觀光旅店中小住，他所得到的印象幾乎是千篇一律，到處皆然，環遊世界彷彿到的都是相同的地方。但是，如果他稍稍「深入」一點兒，就會體察到往往在相距數百里的兩個城市，風光文物截然不同。所以，到國外去的人，尤其是第一次到一個陌生的國度，事前最好要有比較充分的準備。

昨天介紹日本交通公社的「旅程與費用」，那是專門爲日本人在國內用的；該社還有一本「外國旅行案內」，乃是指導他們到國外旅行的指南。日語中的案內，在此也就是指南手册之類的意思。這本書有一卷版，也有袖珍型的四分册版，以便旅行攜帶。定價都是一千八百日圓。內容分列總論篇，美國、加拿大篇，中南美篇，歐洲、蘇俄篇，非洲篇，亞洲篇，和大洋洲篇。

國內旅遊，以遊為重；國外旅行，很可能是觀光與辦事並行。所以，「國外旅行案內」所列的項目，更偏重於實用性：譬如如何辦理出國手續，怎樣申請護照和簽證，旅費的預算，交通工具的選擇。到達外國之後，當地旅舍飯店乃至於如何開發小費，各國重要名勝古蹟和一般社會情況的扼要介紹，在當地觀光時的交通費用（遊玩幾天如果全乘計程車，所費也就可觀），乃至於當地娛樂場所的門票價格等等，都加以逐項說明。帶了這本書上路，好比身旁有一個經多見廣的顧問同行。

我們現在似乎還沒有這樣的出版物，這當然是大工程，非一二人所能完成，也許必要時還得要我們駐在各國的外交新聞人員提供資料才編得出來；但我認為由於出國者日衆，這樣一本東西實在很有必要。國內旅行，沒有語言文字的困難，而且，親朋故舊，異地相逢，可能性很大，隨時可以解決困難。身處國門之外，情形便大為不同，不僅語文隔閡、風習迥異，而且有許多好的東西會因為事前無所知而交臂失之，結果是受盡了風塵僕僕的辛勞，付出了可觀的時間與金錢，自旅程中卻並未得到甚麼樂趣。

美國重見

今年春天，美國新聞學會副會長夏克到台北來；有朋反說，夏克先生有意和我談談。我當時不曉得他究竟想要談些甚麼，就在旅舍中和他見面，海濶天空談了半個小時。分手時他問我，如果有機會到美國去看看，時間預計六七個禮拜，我能否分身？我說，我是「乃役於人」的人，屆時要看工作情況而定。如果時間不太長，我很樂於再到美國看看。

今年夏天，當我在日本參觀時，接到了由台北轉去的書面通知，由美國新聞學會函邀我赴美一行，正式的名稱是參加亞洲編輯人研討會。就這樣，我於九月六日離開台北，重登旅途，取道阿拉斯加前往紐約。研討會的前半期是在哥倫比亞大學舉行；後一半則是到各地參觀，最後在西海岸的洛杉磯結束，一共七週。至十月下旬返國。

美國新聞學會（American press Institute, 簡稱 API）成立於一九四七年。是由數百家美國報紙支持而成立的民間團體。學會的任務，是在提供機會給有經驗的新聞人員，在哥倫比亞進行短期研究，交換心得，討論新聞工作的技術以及當前種種社會的、經濟的、與政治的問題。由這種研討中以達到促進報業革新的目的。該會的創始人布朗與第一任會長泰勒都是新聞界的鬪士，他們都深信人是事業的基礎，事業的進步，主要是靠人的進步。

在過去二十三年間，美國新聞學會爲美加兩國的新聞人員舉辦過二百四十五次研討會，參加者有代表八百二十家報紙的六千五百六十人；又有二十四次是專爲外國新聞人員所辦，參加者包括歐、亞、非、拉丁美洲和中東等地區。我所參加的便屬於後一種。我們這次一共有十五個人，代表八個亞洲國家。據我所知，美國同業如果參加研討會，每兩週的學費大約是五百美元，食宿自理。外國人則一切由會裏代爲安排，由某些民間的基金會支援。

這次重到美國，時間雖短，獲益良多。主要因爲接觸面較廣，不僅很過細地看了許多家規模不同的新聞機構，聽到許多位名學者和名報人的高論，同時，也遊歷了許多一般旅客未必能一一遍歷的地方，像太空指揮中心。回到家來，整理沿途札記，深感不虛此行。萬里跋涉，風塵僕僕，當時頗以爲苦；此刻回想起來，這些辛苦都是很値得的。我再次看到了美國——從不同的角度與深度去觀察。

五九年十一月五日

刺激與反省

我們生活在一個疾遽變化的世界之中。當我們定居在一個地方的時候，對於身邊的許多變化未必卽能立時體察。但是，如果中間隔斷幾年，再來比較，那變化就可以看得比較清楚。最引人注目的，也就正是變化最多之處。

我前一次去美國，是在去今十年之前。當時是以學生身分，一住三年多。大部份時間消磨在伊利諾州的小城中。雖然也曾在寒暑假期間到過紐約、芝加哥、聖路易等大城市作短期的停留，但我對美國的認識，大體是以「大學城」式的生活作背景的。記憶中的美國，是重公道、講正義、崇尚和平的。繁榮由人人分享，任何一個人祇要不偸懶，能吃苦，都有豐衣足食，發展上進的機會。大多數人都以守法爲榮，見紅燈必停車，絕不開空頭支票，更不必說逃避兵役。在許多州裏，脫衣舞是禁止的，禮拜天甚至於連啤酒都不准賣。吸食毒品更是聞所未聞。我所遇到的人，幾乎每一個都是坦誠友善的。偸竊和詐欺之事，絕少發生。出門度假幾個星期，房門從來不必上鎖。

我是一九六四年春天回國的，相去至今不過六年。這次看到的美國，尤其是大都市裏的生活，變得令我驚詫錯愕，難以置信。表面上看來，社會繁榮，無殊昔時，但是，犯罪的狂潮泛濫，暴亂的行爲此起彼伏。黑白種族糾紛，青年反戰示威，交織而成爲一幅無法無天的畫面。就這些人而言，中心信念崩解，是非標準混淆，「世紀末」心情瀰漫，價値觀顚倒混亂，連最簡單的美醜香臭，似乎也都分辨不清。十幾二十的大姑娘，穿上藍不藍、白不白的牛仔褲，光著脚板，蓬頭散髮在大街上散步，還拉著一條狗，遠遠就可以聞到一股氣味，也不知是人臭還是狗臭。這種時尙實在連我這「心存恕道」的人也受不了。至於青少年們叫囂示威，炸大樓，砸玻璃，搞同性戀愛，打嗎啡針，竟也都見怪不怪。這些情形，過去雖也都從新聞報導中略知一二，但總沒有親自看到之後這樣的印象深刻。

當然，這些病態絕不足以代表美國全貌。如果單從大都市中的情況就判斷美國文化「病入膏肓」，那是輕率之言。美國是一個有病的巨人，但它還沒有到徹底腐爛，全盤瓦解的時候。民主制度的强處，是它雖常常犯錯誤，但常常能改正。自我調整的機能極强，而調整的關鍵在輿情，

內外之分

有位歐洲的學者說過，「美國發生的事情，都可能屬於重大的國際新聞。」美國是世界一等强國，舉止動靜，影響都可達於全球，祇要有任何一個角落裏出了毛病，都有人責駡美國；美國人的選擧，太空人登陸月球，尼克森的演說，或者女人們裙子的長與短，都會引起全世界的討論與關心。共產國家嘲駡「美帝」，是天經地義；許多自由國家的人士，也以「反美」爲時髦。其實都未搔到癢處。

外國人探討美國動向，常將外交政策列爲首要項目。譬如分析美國的選情，也將某甲或某乙在外交方面的政見做爲第一考慮。事實上，這祇是我們外國人主觀的看法。美國人並沒有想到那麼多，一張選票表達不了那麼多的感情。他們的選擇，常常是內政重於外交。不瞭解美國內部問題的癥結，便很難明白美國外交措施的原由。外交是內政的延長，道理人人懂得，但因爲美國在二次大戰以後一直處於世界領袖的地位，大家習慣性地認爲，旣然是領袖，內部還有甚麼問題？

於是乎每一個國家都可以根據自己的願望，向美國提出某些要求，當這些要求得不到積極的反應，或者雖有反應尙難以實現時，失望、憤慨、指責、抗議就不免接踵而來。

美國縱能送人上月球，國內許多城市的交通仍然擁塞不堪；美國打越戰一年花幾百億，國內仍有千百萬窮人衣食不週。二次大戰後的軍經援外使得許多自由國家穩住了陣脚，美國本身却面臨著經濟危機。「孤立主義」是一個不祥的名詞，稍有見識的美國人都不願意承認美國現在有孤立主義的傾向。然而，擺在面前的種族問題、青年問題、犯罪問題、失業問題，想想眞够人煩心。從軍事與生產觀點看，美國仍有足够的力量進行一次大戰；但從心理狀態而言，美國已經瀕於一個沒有武裝的國家。尼克森主義，對外而言，是要各友邦多多負起自衞的責任；對內而言，不外乎是「先管自家事」心情的具體化。「攘外」必先「安內」，美國自己的問題不比任何一個國家少，尼克森雖然對於天下大勢瞭解得非常之「透」，眼前却不得不先內而後外。身爲美國總統的人，應當比一般老百姓看得遠，想得深，但他沒有辦法與民間的願望脫節。

第一次到美國時，我幾乎覺得每一個人和每一樣東西都是可喜可佩的。此番重來時，我至少能多懂了一件事：美國也不過是一個國家，我們可以視美國爲最親近的盟友，但却不必期待太多。美國的力量是有限度的。把美國外交政策孤立起來談，是十分危險的事情。

五九年十一月七日

青年們吼甚麼？

今天美國大專院校裏的學生們，大都在韓戰前後才出生。他們一直生活在安樂富足之中，要唸書就有書讀，要做事就有事做；他們把這種生活視爲理所當然之事。他們的處境，是許多別的國家的青年人夢寐以求的。然而，這一代美國青年牢騷最多。發牢騷之不足，繼之以暴亂的行動。我到哥倫比亞大學，很多人都把去年學生們盤踞辦公大樓，搗毀商學院的現場指點給我看，單單是玻璃和牆壁門窗的損失就是二千萬美元。

這樣的破壞行動顯然是毫無意義的。這種暴烈狂妄的行爲，直接後果是造成了學校的紊亂與財務困難，校友與基金會都不再肯大把捐錢，社會對學生，乃至對整個教育事業，發生了極大的反感。而一般眞正好學篤志的青年，更感到深深的迷惘。

究竟那些青年們的搗亂，有甚麼理由：

首先他們反對越戰，他們指責越戰不僅是一場「錯誤的戰爭」，而且是一場「罪惡的戰爭」。他們認爲越戰「毫無意義可言」。在一九六八年大選期間，反戰的青年人爲麥加錫參議員奔走，可是麥加錫在民主黨全代會裏爭取提名就失敗了。另一部份人支持羅勃・甘迺廸，而甘迺廸又被刺了。那些青年說，「再沒有一個人能代表我們的意見，爲我們發言了。」於是他們拉隊伍上街，從民主黨在芝加哥舉行的全代會之後，暴亂行動乃愈演愈烈，不可收拾。

美國是民主代議政體，人民有意見，儘可以用選票來表達，爲甚麼非要放火丟炸彈不可？那些青年們說：「法律規定要滿二十歲才有投票權。可是，滿十八歲就得服兵役。十八從軍十九陣亡，我們怎麼等得及在票匭裏去決定我們自己的命運？」更有些人乾脆說：「成年的一代毫不關心我們的死活。在我們上街鬧事之前，從來沒有人肯聽聽我們的意見。」

美國在越南打的是不求勝利的戰爭。一個禮拜死掉幾百個青年，他們不明白爲何而戰，爲何而死。青年們死在萬里迢遙，連作夢都沒有夢見過的山林叢莽之中，爲了一場無結果、無目標的戰爭去流血犧牲，他們的反對是容易理解的。合法的路走不通，祇剩下了用非法的手段。

當然，這種矛盾與混亂，給共產黨以可乘之機。共黨滲透的問題，留在以後再談。

五九年十一月十三日

由反理性而理性

「反戰」是一個明確的目標。在美國，如果不是有很多人同情這種呼聲，詹森總統不會被迫放棄競選連任，尼克森也不會如此匆促決定自越南撤兵。但是，今天美國青年之間所流露的「反態」，已不僅限於反對越戰。他們最流行的口號是 Anti-Establishment，這個名詞不容易有一個適切的譯名，大致說，是「反對既有的一切」，反現實，反權威。發爲具體的行動，便是反政府，反軍隊，反大企業，反學者專家，反對目前被承認、被尊重的一切典章制度。反資本主義，反自由主義，也反共產主義。但他們的反共，不是從反對共產主義的罪惡與錯誤出發，而是因爲共產主義也是一種既有的建制。

這種不論是非，不分黑白的反，可以說是無理性、反理性。用我們中國人的說法，這簡直近乎一種「紅衞兵心情」。他們要用暴亂的手段，把一切的社會結構與權威都「鬥垮、鬥臭、鬥倒」，但他們自己却從來不曾提出過一個具體的目標與再建設的藍圖來。

哥倫比亞教育學院院長費盧爾博士（John H. Fischer）爲我們講課時，很透徹地分析了當前美國青年學生們的心理。他指責那些胡作非爲的年輕人，「迷失理性，逃避責任，完全感情用事。」他說，「青年們的口頭禪是：享受現在，別管未來，根本忘懷了過去。」他認爲美國的高等教育缺乏「人」的教育，不能使青年的一代有積極奮發的理想，實在是時代的一大悲劇。

我曾向很多位哥大的教授們請教，根據我的經驗，任何發生糾紛，暴露弱點的地方，也就是共黨病菌滋長蔓延的地方。我很擔心在美國青年盲目「造反」的背後，有共黨份子的策劃與煽動。這些教授們不否認有那種可能性，但他們仍相信學生們是居於主動地位，「這些青年不可能完全是被人控制，受人利用的。」他們覺得，爲不滿現實的年輕人戴上「紅帽子」，是十分危險的事。美國的高級知識份子，對於他們民主政治的融合性，仍具有高度的信心。他們堅信，治療一切不民主、反民主的病症，唯一有效的藥方，是更積極地實行民主。在一個社會中，凡是影響到某一成員本身的權益之時，社會至少應給予那些人充分表達意見的機會。讓他們由反理性而理性。

由於這種理論，美國很多的大學都逐漸擴大其治校的基礎，容許學生在校務決策過程中發表意見。這種「參與式的民主」，是今年各大學校園中漸趨平靜的主要原因。

五九年十一月十四日

師之惰

「教不嚴，師之惰」，這話可以用來評述今天美國各大學裏的情形。青年們的迷失困惑，做老師的人有責任。

自從二次大戰以後，美國各大專院校疾速膨脹，學生人數目前差不多有七百五十萬人。一家大學有兩三萬個學生，已是司空見慣的事了。學生人數衆多，師生之間的關係越來越疏遠，學生們覺得學校與社會一樣的冷漠，一樣的不近人情，缺乏反應。同時由於高等教育發展過速，師資水準不齊，有些身爲師表的人，一味以迎合青年來鞏固自己的地位，譁衆取寵，曲俗阿世，甚至於不惜違背學術良心，顚倒是非，附和著「新左派」的濫調，以購買在學生群中的「人望」。言之令人痛心。

不過，我們倒也不能因此卽苛責美國知識份子的墮落，應記得我們中國在大陸沉淪之前，也出過像羅隆基之流的角色。今天美國某些教書的人所扮演的媚共醜態，可以說與若輩異曲同工。

哈佛大學有過一個公然倡導吸毒的講師李瑞，爲治安當局拘捕判刑，交保後竄逃境外，搞「革命」去了。洛杉磯加州大學更有一個哲學系的黑人教師戴維斯小姐，她不僅自己承認是共產黨，而且爲暴徒在幕後策劃，運送武器，演出了法庭動武，槍殺法官的慘劇。此人在事發後一度潛匿無蹤，就在我快要回國的那幾天，她終於被聯邦調查局捕獲歸案。類似這等行徑，當然還不止這兩個人。像這種人也都能混跡黌宮，儼然師表，其對青年們的影響何如，實不言可喻。

俄亥俄州立肯特大學，爲了反對美國進兵柬埔寨而示威，有四個學生被國民兵打死，曾引起舉國風潮。我特別到肯特校園出事現場憑吊過一番。當地的民間領袖和新聞界朋友，都一致指責學生們的盲動，認爲那些死去的學生是自取其咎。最近，由各方合組的調查團，發表了一篇書面報告，許多美國報紙都當做頭題新聞來發表。調查報告中指出，在悲劇爆發之前，肯大的學生在校區滋事已有三四天了，而大學當局始終猶豫不決，毫無行動，乃至造成幾乎不可收拾的後果。結論說：該校當局與牧師們實有無可逃避的責任。

這是一個非常重要的文件，也反映著美國社會的輿論民心。對付左傾份子的暴亂行爲，縱容

十字路口

聯合國總部是一段風景，一處吸引遊客的觀光勝地，一座城市裏面的城市，一個「抽樣」組成的小世界。有人說，那是在二次大戰犧牲了千千萬萬的生命之後，在血淵骨嶽中茁長出來的一朶花，人類未來的希望和夢想。有人說，聯合國是一座反映世界公論的議壇——用「數頭」代替「殺頭」。用和平代替戰爭。世界上許多人，包括我自己在內，都曾對聯合國寄予莫大的希望：聯合國如果失敗了，那便等於是每一個人的失敗。每一個人都可以這樣說：聯合國負有莊嚴神聖的使命，雖然它遠非十全十美，但在創立之初，是曾經設計得很週密的。所有莊嚴神聖的字眼兒，曾出現在憲章裏，曾出現在數之不盡的大人物演講詞和決議案裏。聯合國組織，正如同聯合國大厦一樣，說不盡的巍峨堂皇——美好得不像是眞的。

今年九月間，第二十五屆聯大開幕時，我好不容易領到一張觀禮證，和朋友坐在記者席上，俯瞰坐滿了來自全世界各地幾千位代表的大會場，燈火通明，掌聲如雷，舊任主席演講、唱名、投票，宣布選舉結果，新主席走上了講壇。

突然之間，我有一種奇妙的，以前從來沒有過的感覺：聯合國並不是那樣的崇高神聖，大會場也不過是一個劇場——在人生劇場中比較輝煌、比較複雜的一角。

許多美妙堂皇的言辭，在裝點人性的弱點。聯合國，人類夢想的殿堂，但它畢竟還是人組織起來的。人的短見，人的健忘，人的愚昧，人的自私……

「普遍化原則」？「核子裁軍談判」？「政治的眞實」？是的。但是，在這些巧辯的名辭之上的，還有自由、平等、博愛、基本人權、人道主義的精神！

聯合國所追求的和平，是有「價錢」的；價目表列在憲章上，列在決議案中，也鐫刻在全世界人的心版上。

失去這些基本的精神，聯合國總部不過是另外一座宏偉美觀的玻璃大厦；那樣的大厦，在紐約市上就不曉得有多少幢，何足爲奇？又何足爲貴？

我回想到幾年前遊歐洲，憑弔日內瓦湖邊的國際聯盟舊址。其地風光旖麗，屋宇儼然，何嘗輸於今日的聯合國總部？然而，外交辭令不能代替莊嚴的理想，因循苟且挽救不了歷史的危機。

國際聯盟悄然以逝，聯合國如今也走到了是非善惡的分歧點，現實與理想的十字路口。就在那美輪美奐的大會堂中，有人在爲聯合國掘墓。

五九年十一月廿日

黑與白

美國和任何國家一樣，並非十全十美；黑白種族糾紛是美國的百年舊病；從南北戰爭到今天，林肯解放黑奴的宣示，已經步步實現了。黑白雖然沒有絕對平等，但在最近的幾年期間，黑白關係發生了疾遽的變化。有一個白人朋友對我說：「五年之前，我不會肯與一個黑人同事在公衆場合握手。現在，我却要請他到我家來共進晚餐。這種變化是我以前無法想像的。」

從前，黑白隔絕，儼若兩個階級，像主子與奴隸一般區劃清楚。許多公共場合都不容黑人插足，旅館、飯店、酒吧；我親眼看到過一家理髮店的主人拒絕一個黑人顧客，「你的頭髮太粗太硬，本店的刀剪不適宜爲你服務。」在紐約和華府附近的許多旅館都接到過國務院的勸告，希望他們不要歧視黑人，不要拒客於千里之外，「其中往往有來自非洲友邦的大使。」在南方，一輛公共汽車前面坐一兩個白人，後面擠一群黑人。有一個黑人的敎徒對牧師說：「你叫我如何能相信你的話，你說我死後可以昇天堂。但我曉得，我活著的時候竟不准走進白人的教堂。」

黑人覺得他們是受壓迫的少數民族。在外國人看來，黑白不能平等，暴露了某些美國人的「僞善」，使美國的理想主義與人道主義爲之蒙羞。

所以，從一九六〇年代開始，黑白衝突公然爆發，百年的創口，如今在流血流膿。但也因此才能治病。

在波士頓，我們訪問基督教科學箴言報，那是一家水準甚高，極受內行尊敬而近年卻不斷賠錢的大報。海外新聞組主任谷德舒爾（Jeff Godsell）接待我們。他是英國人，每年要回到倫敦去度假。他說，英國也有種族問題，他每次回到英國討論起這個問題時，就發現「英國人的態度至少比美國人落後二十年。」他讚揚一般美國人的寬容與開明：「他們知道歧視黑人是不對的，所以正在努力糾正過去的錯誤。近年來進步很多。我不知道世界上還有哪一個國家能像美國這樣勇於認錯，勇於改過。」

當然，改正一樁存在了幾百年的錯誤不是容易事。我們看到的是暴烈的戲劇面，其實，表面看不見的變化正在加速進行中。「圓滿解決」不是一個適當的字眼兒，但至少現在的黑白問題比幾年之前好得多。從前，讀黑人小說家鮑爾溫的名作「另一個國家」，曾使我萬分感動，同情而憤慨。現在，大多數黑人已不再抱怨美國不是他們的國家。

五九年十一月廿一日

親者痛，仇者快

美國人口兩億有餘，黑人不到十分之一。現在，聯邦參衆兩院都有黑人議員，州議會裏更多。大城市裏，警察有許多是黑人，聯邦大理院的大法官也有一位是黑人。黑人百萬富豪已不鮮見，而他們致富之道不再是祇靠歌舞賣藝和打拳。律師、醫生、會計師、新聞記者，甚至於電視上有黑人主持的新聞評論節目。美國各大學裏黑人學生的人數，超過西德或英國全國大學生的總和。黑人當總統或州長目前還談不到，可是，有好幾個大城市像克利夫蘭和紐瓦克，都選出了黑人市長——他們當然不是僅靠黑人選票就能當選的。

從前黑人以黑爲恥，有許多化粧品以黑女孩爲推銷對象，都强調如何可以使她們打扮起來更像白人。但現在，有了「黑色才是美」的口號，髮式服裝，都有了所謂「非洲式」，誇張黑人原有的特點，也就是與白人不同之處。

人總是有惰性的。一部份黑人現在有「挾黑自重」的心理，索求無饜，「黑」就有理。黑人要求就業優先；要求保證最低收入；要求大學裏要多收黑人學生，不管他們程度如何；要求學校增開與黑人有關的課程。某些白人說：黑人不但要求平等，而且事事爭先，「一黑遮百醜」，黑就成了特權。警察抓一個黑人，就可能引起糾紛，不論那黑人是否已經犯了法。這種惟黑爲上的極端態度，當然不對。

由於過去的痛苦經驗，使得有些黑人由極端的心理而採取極端的行動。黑豹黨是最突出的例子。他們並不是主張「黑權」的黨，而祇是一個暴力集團。他們提不出甚麼政治主張來，祇是藉口被壓迫、受剝削而到處橫行。眞正屬於黑豹黨的黨員不到一千人，但已鬧得全美騷然。由於這一群恐怖份子的煽動裹脅，受害最深的是大城市中的黑人中產階級。華府第十四街大半條街幾哩路的商店都被搗毀焚燒，店主全是黑人。有些白人覺得黑人鬧得太不像話，採取「反措施」時，首先受影響的又是這些有家有業、辛苦謀生的中產階級。

極端派是極少數，但他們有組織，有計劃，也有外援。他們滿懷的恨，對於未來不存多少希望，不但要破壞眼前的建制，而且還要清算過去、要算倒賬，要報幾百年的仇。這種仇視一切的態度，非僅失去白人的同情，大多數黑人（黑人也有「沉默的大多數」）也並不支持。前次金恩被刺引起黑人暴動的時候，祇有共匪的「人民日報」說，要向那些殺人放火的狂徒「致敬」，要「擁抱」他們。那些極端派的暴行眞正是親者痛，仇者快。

五九年十一月廿二日

紐約萬花筒

有位美國小說家寫文章，說上帝創造天堂也創造地獄。「如果你想像不出地獄是甚麼樣子的，請你去坐一坐紐約的地下火車。」

紐約有七八百萬人口，幾乎每一個人都要利用地下火車。全長四百里的地下火車是一種必要的罪惡，沒有它就無法行動，但是坐起來實在是受罪。在紐約市區內上班的人，有許許多多是住在市區以外，每天上下班要坐上三四個小時的火車，在地底下轟隆轟隆，眞彷彿自人間駛向幽冥。

交通擁擠，治安不良，物價高，房租貴，尤其因爲地方太大人太多，時時令人感覺到一種說不出來的壓迫、敵意、沒有人情味。我以前到過紐約三四次，此番重來，仍然覺得如此陌生——

一種熙熙攘攘之中的荒寒感。

但是，紐約別有其豐足旖麗的一面。有位久居紐約的朋友說，紐約的好處，越住得久才越能發現。他說，任何稀奇古怪的東西，紐約都找得到；任何稀奇古怪的問題，紐約都有人研究。前些日子他參觀一次中國鼻烟壺展覽，展出的品目，林林總總，何止千百，其中最貴的一個鼻烟壺標價七千五百美元，竟也有人欣然購去。

紐約豐富的當然不止鼻烟壺。那兒有第一流的大學、圖書館、博物館；世界最好的戲院、書店、報館、電視廣播公司；華爾街的股票市場影響遍及全球，聯合國的一言一動為世界列國首都所關心。許多美國朋友警告我們，紐約不是一個美國的城市，而是世界之都。切不要把紐約當作美國的典型。意思是說，美國沒有那麼壞，也還沒有那麼好。

在我所到過的大都市中，沒有一個比紐約更國際化的。在百老匯大道踽踽獨行，三五個人中必有一個外國人。紐約的義大利人差不多趕上羅馬一半的人口。在運河街中國城的店肆中「飲茶」，那味道似乎比台北更來得古典。

第五大道有說不盡的風光。一間門面大小的橱窗，祇陳列一座一尺半高的水晶瓶，那線條、那光澤，令人有飄然出塵之想，憑欄欣賞，這是最平價的奢侈，反正我不想佔有，誰管它身價幾何。

然而，一包 Benson Hedges 的香烟要六毛錢，比六年前剛好漲了一倍。眞有點兒是可忍孰不可忍。

於是我瞭解了紐約小市民的心情。紐約是多彩多姿的萬花筒，許多美妙神奇的圖案，看得見，摸不著。

五九年十一月廿七日

評頭論足

出門吃喜酒回來，太太有時要問：「新娘子漂亮不漂亮？穿甚麼樣的衣裳？」對於這一類的問題，我常常茫然不知所答。對於穿在別人身上的衣服，我有一種「鈍感」，不僅不會描寫，而且根本懶得注意。評頭論足，不是我的嗜好。

何凡兄前幾天寫「鐵灰色的男人」一文，提到一些外國人士對此間男士們服飾過分拘謹的批評，使我回想起此行在美所見男人衣服的變化，或亦聊可爲何文的印證。

美國的衣服樣子，無論男女都以紐約爲中心，而紐約又接受巴黎時尚的影響。最近幾年，男裝變化之大，不下於女士們的迷你和迷地之爭。

首先是襯衣。本來，襯衣以純白爲尙，有顏色有花紋皆不足以入正流，五六年前還是如此。

但現在已經時興有顏色的，大紅、大綠，都有人敢穿。據說，這種改革起自電視，白襯衣有反光，不利上鏡頭，所以出現於螢光幕上的人物從政客到評論員，習用淺藍色襯衫。後來就由淺藍、淡黃、粉紅而甚麼顏色都有了。最保守的人也是白襯衣上有藍條紋。洛杉磯時報請客的那一天，我特別注意到從主人陳德勒以次，大多數的陪客都穿顏色襯衣。陳德勒本人穿的是淡灰色襯衣藍領帶。他當然不是爲了節省白襯衣，陳德勒家族是美國的千萬富豪之一。

襯衣的式樣也有變化，領尖忽然拉得很長，領帶因而必須很寬——有些已經寬如圍巾，袖口的鈕釦加多，兩粒三粒都有，穿扮起來，有點兒像「劍俠唐璜」。

西裝當然也改，首先是領口寬得像大衣領子。墊寬肩的雙排扣上衣又捲土重來。四個口袋的式樣漸流行，就是在右手邊大口袋上再加一個小口袋。口袋皆有蓋，有的還加上鈕扣。西裝的顏色很複雜，花式則條紋與小方格都有。有一種暗綠色的似乎當令，當年份汽車也是那種顏色最流行。有些名設計家的作品，在上衣的腰際加一條腰帶，穿上之後，彷彿是一個退伍的上校不肯忘情於他的軍裝。

褲子由窄而寬，下襬居然是喇叭式，飄飄然如女明星們的褲裝。其實，既費料子，又不雅觀，目前是黑人穿的最多。我對這種式樣敬而遠之，不相信它會持久。

皮鞋是牛津便鞋越來越多，前蓋上有裝飾品，或者加上銅搭扣，設計頗別出心裁，總有幾十種不同的式樣。

大體說來，這些變化都有「復古」的傾向，並非絕對的新奇。令我想起川端康成的話：「一切的流行式樣，永遠是重複的。」人就在這重複的變化中窮折騰不已。

五九年十一月廿八日

冠蓋京華

做爲一個國家的首都，華盛頓的確稱得上氣象萬千。那個城市的最大好處，是它並沒有「歷史的包袱」，平地起樓台，幾乎每一構築都是根據計劃造起來的，五步一樓，十步一閣，雖然都是機關官署，但在巍峨堂皇之外，都照顧到「美」，照顧到整體的諧和，洵屬難能可貴。拋卻政治上的重要性不說，華盛頓仍不失爲一座優美的觀光都市。外國人到此，對美國會增加一些好感與敬意。

過華府時，下榻於羅傑·史密斯飯店。飯店本身無足道稱，但因距離白宮只隔兩個街口而聞名。那條賓州大道，可以一直走到國會山，繞過去便是國會圖書館，皆可稱爲典型之作，有讓人可以學習的地方。

華府市上沒有太高的房子，華盛頓紀念塔全高五百五十五呎，一覽衆山小，那便是全城最高的建築物。據說，建築界自訂公約，在華府蓋房子，都不可高過那座紀念塔，以示對於他們的國父之敬意。林肯紀念堂與傑弗遜紀念堂皆宏偉不凡，爲民公僕，做得好也可以俎豆千秋，不必稱孤道寡的。

博物館、美術館不知有多少，國家檔案局就可以令人徘徊半日。「獨立宣言」供在廟堂上，下面的保險櫃猶如武俠小說裏的機關佈景。更好的是，許多歷史性文獻，都有影印的副本當場出售，印得與原本難分軒輊。這種生意彷彿洛陽碑林賣拓片；但這是國營事業，不抽稅。

從白宮到聯邦調查局，每一個機關幾乎都可以進去參觀。白宮內景不如外景，有說不出的寒酸處。沙發套子也有磨得蘼花了的，而瓷器間裏收藏的中國瓷器，不是很高明的作品，不知當年是何人所贈，很不爲中國人爭面子。

華盛頓不僅是開國偉人，也是一等聰明人。他退隱後所住的味農山莊，去市中心不過二十哩，有湖山林木之勝，無市廛車馬之喧。在歷盡險巇又享盡榮華之後，那一角田園，委實可羨。在極權體制之下，皇帝也好，第一書記也好，不容有此安閒。

華府是冠蓋京華之地，但並未令人嗅到太多的官僚氣。一九五〇年之後十年間，人口增加了百分之卅五點九，一九六〇年以後，又增加了三分之一。新來者固然大部份是「漏夜趕科場」的公務員，也有些人是爲那綠茵滿目，雲淡風輕而來的。換句話說，寄居華盛頓，卽令不做官也別有情趣。

五九年十一月廿九日

費城古意

美國是一個歷史很短的國家，也許正因爲如此，他們對於歷史顯得特別的珍惜。保存史蹟的工作，到處都做得挺認眞的。在美國各大名城之中，費城是最富「古意」的。

今年初，在一本雜誌上看到一幅廣告，是爲了招徠遊客到費城觀光的，廣告大意說，到一九七六年，便是美國建國兩百週年，大家一定會提到革命發源地費城去遊覽。「爲了免得擁擠，你何必等到那時候湊熱鬧，而不馬上就來呢？」這一幅廣告給我的印象很深，所以我在旅程中把費城列爲「必遊」之地。

費城這個名字，說完全了應該是賓夕凡尼亞州的費拉德菲亞（Philadelphia, Pennsylvania），在二十個最大城市中，是寫起來最長的。費城的開發，最早是由威廉・馬克漢上尉率領一批拓荒者，於一六八一年開始定居。次年，有一個叫威廉·潘的人參加在一起，此人具有領導長才，把地方民力組織起來，銳意建設，並且定下了費城這個名字。當初他們設計的開發計劃，費城市區不過是方圓二哩，現在則已成爲四百萬人聚居的大城，在美國名城中居第四位。

費城位居兩河交匯之地，戰略價值極高，所以從有人定居之後，發展很快。美國獨立革命的發動者，一七七四年的第一次大陸議會，便是在費城召開的。由開國名賢傑弗遜起草的「獨立宣言」，就是在費城通過的。所以，費城的居民，至今仍以此一傳統爲榮，他們說，費城乃是美國的出生地，革命的搖籃。

費城如今是一個工業城市，它是美國紡織業的中心，街頭成衣的定價遠比紐約便宜。造船業與收音機製作也是全國第一，美國各種外科醫術上所用的器材和工具，百分之六十以上都是費城出品。

但費城又並不純然是一個工商業中心，而更有濃厚的文化氣息。全城有三十多家大學和學院，一千四百多家教堂，二百座公園。

費城的古蹟說不完，有人說，在費城三十哩市區之內，有名的史蹟和博物館，比任何同樣大小的地區都來得多。費城的市政廳就是一景，頂上有威廉·潘的立像，爲全城的指標。至於獨立廳，相形之下反而沒有那麼巍峨堂皇，只不過是一座紅磚樓房，但其中佈置有當年大陸議會開會時的情景，許多蠟人像栩栩如生，永爲後人瞻拜。

費城有一個特殊的出版物，那便是行銷全美的「電視導報」，每週一期，銷路一千七百萬份，爲適應各不同地區的節目，有八十一種版本。看他們的印刷和包裝，眞是洋洋大觀。這個刊物是獨立經營的，與任何電視公司都無關係，所以常常刊出批評電視節目的文章，與我們的電視週刊大有不同。

五九年十二月七日

叛徒的哲學家

我第一次聽到馬古西這個名字，是一年前聽顧翊羣先生講「中西文化思潮」時。顧先生分析近年來若干西方國家青年學生的暴亂行動，往往是從馬古西的著作中尋求他們的「理論根據」。我還記得顧先生當時說：馬古西這個人現在已經 Down 了，但他的影響猶未根絕。顧先生帶著馬古西的書，我曾把書名頁上資料抄了下來，後來向幾家書店打聽，都沒有買到。

輔仁大學教授項退結博士最近寄給我一篇文章，是他與德國友人哈得羅塞克合著的「唯恐天下不亂的馬古西」，對馬古西的所謂學說，有謹嚴的批判。

馬古西 (Herbert Marcuse) 是德國人，一八九八年七月十九日生於柏林，今年七十二歲了。在德國福里堡大學得哲學博士學位。一九三三年，可能因希特勒當政，他出亡瑞士；次年就轉往美國，先後在哥倫比亞、哈佛、耶魯等校任敎，目前仍是聖地牙哥加州大學的哲學教授。

但是，此人並非只是一個高踞講壇、信口月旦的學究，他還有行動。一九六七年，「新左派」在柏林滋事，一九六八年，巴黎大學的學生示威暴動，馬古西都親臨其地，至少有幕後鼓惑策劃之嫌。一九七〇年，羅馬大學生發生暴亂事件時，暴徒們手執大旗，上面有三個大寫的M，據這些暴亂份子的一個頭目解釋，這三個M代表馬克斯、馬古西、和毛匪澤東。他說：「我們以馬克斯爲先知，馬古西是他的譯員，而毛是他的劍。」馬古西販賣的是甚麼貨色，可想而知了。

顧先生說馬古西的影響力已經在走下坡，是有根據的。我最近旅美途程中，也問到過一些靑年人，他們口頭上信奉馬古西「讓我們摧毀這個世界」的口號，但却沒有一個人從頭到尾認眞讀過馬古西的書。他們所信奉的，與其說是他的「學說」，毋寧說是他那唯恐天下不亂的反叛性。

項教授認爲，馬古西在未來的哲學史中，不見得會有了不起的地位，他「不過是黑格爾支派下一名小卒而已。」不過，項教授也指出，「就目前世界情況而言，他的思想已發生極大力量。」我國知識份子應該明瞭這股潮流的來蹤去脈。馬古西的邪說並未傳染到我們這兒來，但我們的知識份子正應提高警覺，以文化的中流砥柱自勉，嚴防任何「馬古西式」的偏激謬論滲透。

五九年十二月十二日

壓抑人的衝動爲代價。幸福、自由和文化，猶如魚與熊掌，不可得兼。馬古西否定這一說法；他要建立一種「無壓抑的文化」；他說：「新社會中的天之驕子，將不再接受舊道德的壓抑原則……衝動的滿足和感性的快樂，將是新道德的基礎。」因此，他主張人的肉體應當從壓抑中解放出來，人不但不應當控制性慾，反而應當把人的全人格都「性愛化」。由他的解釋，則不僅「愛情至上」，而且「性慾至上」；肆情縱慾，就是他所理想的幸福與自由。「最後，新型態的人將會出現，世界的永久和平將成爲事實。」

這是悖背眞理的詭辯。佛洛伊德學說早經學者修正。現代心理學家更從白鼠試驗中證明，在母愛、渴、飢、性慾、與探索新境界的五種衝動中，以母愛的力量最强，渴與飢居其次。性慾要排列第四位。鼠猶如此，何況於人？在人生中性愛誠然極爲重要，但却絕不是決定人的思情言行的唯一動力。

在人類社會中，倫理、道德、風習、法律，是維繫人際關係的安定力量；這些力量應該隨時代的進步而進步，但却不容根本摧毁。馬古西的努力，便是要迎合人性中的弱點，瓦解社會的基礎，從而爲其「反叛」舖路。馬古西與佛洛伊德的根本不同處，是他心目中本無「學術」，他並不尊重客觀眞理，而是以專斷跋扈的態度，頤指衆生，破壞家庭制度，推翻善惡標準，先造成天下大亂之勢，然後讓共產黨的「先知」與「劍」來宰割人類。

五九年十二月十三日

一度空間的人

馬古西有批評共產主義的言論，但他所批評的都是世人皆知、無可辯護的弱點。對於當世共產集團的陰謀活動，他頂多祇是「小罵大幫忙」。譬如越戰和古巴問題，他從來都是站在共產黨那一邊講話的。

對於自由世界，特別是對於以美國爲代表的資本主義制度，馬古西攻訐不遺餘力。他指出，現代社會鼓勵大規模生產，而大規模生產必須具有大規模的組織機構。個人的生活、工作、消遣，乃至於思想言行，都無形中被這些組織所籠罩。「這裏祇有一度空間，它無所不在，而且以種種方式存在。」

馬古西於一九六四年寫過一本書，書名就叫「一度空間的人：論高度發展的工業社會之觀念系統。」他所說的一度空間，就是由生產過程和生產組織所造成的人爲需要之滿足。他認爲「一度空間的人」(One-Dimensional Man) 是現代文明最可怕的產品。

現代人的確有這種「拜物狂」的心理傾向，孜孜一生，無非是爲追求物欲的滿足。說句笑話，「恭喜發財」豈不也就是這種心理的反映？貶抑和批評這種偏差，是應該的。但馬古西並沒有提出明確的答案說，人生更高的境界應該是甚麼。他所看到的第二度空間，祇是放縱情慾，他提倡「無壓抑的社會」，不要工作，反對一切建制。他要集結一切現代文明的「受難者」到他的旗下來，對「舊社會」宣戰。但他所描繪的「新社會」猶如鏡花水月一般不切實際，渺不可期。令人不能不懷疑他的動機，祇是在處處點火，他所許諾的「到處建造公園、花園，而不再建造高級公路和停車場」的新世界，直如狂人夢囈。

在實際行動中，馬古西最可怕的一點，是他雖一面詆譭民主世界祇是「半民主」，但他却要充分利用民主社會的種種「矛盾」與「弱點」。他說，「民主國家是組織反抗力量的最佳場地。」他要利用民主政治的容忍與開明態度，做爲他摧毀民主自由的掩護。這是最值得注意的。

我們應該堅守一個原則，破壞自由的人無權享受自由。像共產黨以至馬古西這一流的「新左派」，他們自己既然絕不容許別人享受自由，則自由人也就不應當容許他們假借自由的美名，散播邪說詖辭來爲害人心。學術界對於馬古西之流的言論，尤其應當予以迎頭痛擊，不必存「婦人之仁」。

五九年十二月十四日

密件

美國報界揭發越戰內幕的舉動，造成了舉世注目的軒然大波。截至目前爲止，曾經發表這一密件的報紙，已有紐約時報、華盛頓郵報、洛杉磯時報、波士頓地球報、芝加哥太陽時報、聖路易郵訊報等多家。這些報紙的所在地，自東至西，其銷路分佈全美。特別是時報與郵報都附設有新聞供應社的機構，等於是報紙而兼通訊社，他們所得到的新聞儘可以「與天下共之」。美國政府之請求法庭制止，看來已是緩不應急。事實上，紐約時報人員從事改寫此項密件已歷時三個月。他們大可以一次就將全文刋出，該報法律顧問顧岱爾 (James Goodale) 就是這麼建議的。但是總編輯羅森陶 (Abe Rosenthal) 却主張作爲一週連載來處理，因爲這樣才可以大有助於發行推廣。當初如果時報決定採取顧岱爾的意見，美國政府就是想打官司也來不及了。

搶銷路、搶新聞、原非惡事；但是，把國防機密外交密件都當商品來處理，其行可鄙而其心可誅。美國政府採取史所未有的禁載行動，雖然是亡羊補牢，情非得已，但多少還可以令人曉得，新聞與安全之間的分際，美國人仍然是尊重的。

世界各國的反應，指責時報等幾家報紙「不顧大局，危及安全」者居多。其實更可議者毋寧說是那七千頁的所謂密件本身。時報和其他各報所作的，都是所謂「改寫」與「濃縮」，這是新聞記者處理過長文稿時極通用的手法。時報一個參與其事的人員說，「對此報告書的解釋，我們保持在最小限度之內。」換言之，所有資料的蒐集，文件的取捨，以及檢討分析的意見，主要應由麥納瑪拉主持的國防部負其責任。而那個密件的內容，卻給人們一種印象：美國在近二十年來對越南局勢所採取的政策，每一步都下錯了棋。

然則主管國防大計的國防部，打仗打不贏，編成此一洋洋大觀的文件果何爲耶？是爲了文過飾非，抑或祇是保持歷史的眞相？「新聞週刊」提供了一個有趣的答案：前總統詹森據說很懷疑麥納瑪拉，編製這一秘密報告書的動機，是爲了在一九六八年爲羅勃，甘迺迪助選，使小甘可以得到攻擊詹森政府的資料。密件中把麥納瑪拉本人描述得有自制力而又誠實，「在一九六四年十一月到六五年初，」他曾五度否決轟炸北越的建議。這密件之中把越戰昇高的責任推到詹森頭上去了。所以，今天如果檢討此一事件的功過，美國新聞界可議之處固多，麥納瑪拉以及他所任命的三四十位分析家，至少也有「先得結論，再作研究」之失，不能說不是有虧職守。

六十年七月四日

三民文庫已刊行書目 (五)

169. 管錐書室學術論叢	顧翊群著	學術
170. 鐘	水晶著	散文
171. 旗有風集	漢客著	散文
172. 讀書與行路	彭歌著	散文
173. 南海遊踪	施翠峰著	遊記
174. 閑話閑話	洪炎秋著	文學
175. 迎頭趕上	陳立夫著	論文
176. 愛情、力量及正義	王秀谷譯	哲學
177. 青年與學問	唐君毅著	哲學
178. 靜軒時論選集	賴景瑚著	時評
179. 青年的路向	鄭志鴻譯	心理
180. 雨窗下的書	繆天華著	小品文
181. 人性與心理	孟廣厚著	心理
182. 自信與自知	彭歌著	散文
183. 文藝與傳播	王鼎鈞著	散文
184. 人海聲光	張起鈞著	散文
185. 橫笛與豎琴的晌午	蓉子著	新詩
186. 音樂創作散記	黃友棣著	音樂
187. 芭琪的雕像	胡品清著	散文
188. 中國哲學與中國文化	成中英著	哲學
189. 舊金山的霧	謝冰瑩著	散文

三民文庫已刊行書目 (四)

127.	現代小說論	周伯乃著	論述
128.	美學與語言	趙天儀著	哲學
129.	一個主婦看美國	林慰君著	散文
130.	蘭苑隨筆	鍾梅音著	散文
131.	異鄉偶書①②	何秀煌 王劍芬著	散文
132.	詩心	黃永武著	文學
133.	近代人和事	吳相湘著	歷史
134.	白荻詩選	白荻著	新詩
135.	哲學三慧	方東美著	哲學
136.	綠窗寄語	謝冰瑩著	書信
137.	淺人淺言	洪炎秋著	散文
138.	危機時代國際貨幣金融論衡	顧翊群著	經濟
139.	家庭法律問題叢談	董世芳著	法律
140.	書的光華	彭歌著	散文
141.	燈下	葉蟬貞著	散文
142.	民國人和事	吳相湘著	歷史
143.	詞箋	張夢機著	文學
144.	生命的光輝	謝冰瑩著	散文
145.	斯坦貝克攜犬旅行	舒吉譯	遊記
146.	現代文學的播種者	吳詠九著	文學
147.	琴窗詩鈔	陳敏華著	新詩
148.	大衆傳播短簡	石永貴著	論述
149.	那兩顆心	林雪著	散文
150.	三生有幸	吳相湘著	傳記
151.	我及其他	劉枋著	散文
152.	現代詩散論	白荻著	新詩
153.	南海隨筆	梁容若著	散文
154.	論人	張肇祺著	文化哲學
155.	孤軍苦鬪記	毛振翔著	傳記
156.	回春詞	彭歌著	散文
157.	中西社會經濟論衡	顧翊群著	經濟
158.	宗教哲學	錢永祥譯	哲學
159.	反抗者①②	劉俊餘譯	論述
160.	五經四書要旨	盧元駿著	文學
161.	水仙的獨白	胡品清著	散文
162.	希臘哲學史	李震著	哲學
163.	靈臺書簡	劉紹銘著	書簡
164.	春天是你們的	鍾梅音著	散文
165.	談文學	鄭騫等著	文學
166.	水仙辭	張秀亞著	散文
167.	德國文學散論	李魁賢著	新詩
168.	中國史學名著①②	錢穆著	歷史

三民文庫已刊行書目　（三）

85. 禪與老莊	吳怡著	哲學
86. 再見！秋水！	畢璞著	小說
87. 迦陵談詩 ①②	葉嘉瑩著	文學
88. 現代詩的欣賞 ①②	周伯乃著	文學
89. 兩張漫畫的啓示	耕心著	散文
90. 語小集	蕭冰著	散文
91. 社會調査與社會工作	龍冠海著	社會學
92. 勝利與還都	易君左著	回憶錄
93. 文學與藝術	趙滋蕃著	散文
94. 暢銷書	彭歌著	散文
95. 三國人物與故事	倪世槐著	歷史故事
96. 籠中讀秒	姚葳著	散文
97. 思想方法	秀河著	時評
98. 腓力浦的孩子	武陵溪著	傳記
99. 從香檳來的 ①②	彭歌著	小說
100. 從根救起	陳立夫著	論文
101. 文學欣賞的新途徑	李辰冬著	文學
102. 象形文字	陳冠學編著	文字學
103. 六甲之冬	沙岡著	小說
104. 歐氛隨侍記 ①②	王長寶著	日記
105. 西洋美術史 ①②	徐代德譯	藝術
106. 生命的學問	牟宗三著	哲學
107. 孟武續筆	薩孟武著	散文
108. 德國現代詩選	李魁賢譯	新詩
109. 祝善集	彭歌著	散文
110. 校園裡的椰子樹	鄭清文著	小說
111. 行與言	桂裕著	雜文
112. 吳淞夜渡	孟絲著	小說
113. 仙人掌	胡品清著	散文
114. 理想和現實	毛子水著	論述
115. 班會之死	碧竹著	小說
116. 二涼亭	吳樹廉著	小說
117. 六十自述	鄭通和著	傳記
118. 悲劇的誕生	李長俊譯	哲學
119. 一束稻草	吳怡著	散文
120. 德國詩選	李魁賢譯	新詩
121. 樂於藝	劉其偉著	藝術
122. 烽火夕陽紅	易君左著	回憶錄
123. 哲學與文化	吳經熊著	哲學
124. 危機時代的中西文化	顧翊群著	文化論集
125. 自然的樂章	盧克彰著	散文
126. 筆之會	彭歌著	散文

三民文庫已刊行書目　（二）

43. 孟武隨筆	薩孟武著	散文
44. 西遊記與中國古代政治	薩孟武著	歷史論述
45. 應用書簡	姜超嶽著	書信
46. 談文論藝	趙滋蕃著	散文
47. 書中滋味	彭歌著	散文
48. 人間小品	趙滋蕃著	散文
49. 天國的夜市	余光中著	新詩
50. 大湖的兒女	易君左著	回憶錄
51. 黃霧	朱桂著	散文
52. 中國文化與中國法系	陳顧遠著	法制史
53. 火燒趙家樓	易君左著	回憶錄
54. 抛磚記	水晶著	散文
55. 風樓隨筆	鍾梅音著	散文
56. 那飄去的雲	張秀亞著	小說
57. 七月裡的新年	蕭綠石著	散文
58. 監察制度新發展	陶百川著	政論
59. 雪嘔	喬遷譯	小說
60. 我在利比亞	王琰如著	遊記
61. 綠色的年代	蕭綠石著	散文
62. 秀俠散文	祝秀俠著	散文
63. 雪地獵熊	段彩華著	小說
64. 弘一大師傳①②③	陳慧劍著	傳記
65. 留俄回憶錄	王覺源著	回憶錄
66. 愛晚亭	謝冰瑩著	小品文
67. 墨趣集	孫如陵著	散文
68. 蘆溝橋號角	易君左著	回憶錄
69. 遊記六篇	左舜生著	遊記
70. 世變建言	曾虛白著	時事論述
71. 藝術與愛情	張秀亞著	小說
72. 沒條理的人①②	譚振球譯	哲學
73. 中國文化叢談①②	錢穆著	文化論集
74. 紅紗燈	琦君著	散文
75. 青年的心聲	彭歌著	散文
76. 海濱	華羽著	小說
77. 傻門春秋	幼柏著	散文
78. 春到南天	葉曼著	散文
79. 默默遙情	趙滋蕃著	短篇小說
80. 屐痕心影	曾虛白著	散文
81. 一樹紫花	葉蘋著	散文
82. 水晶夜	陳慧劍著	散文
83. 胡巡官的一天	金文著	小說
84. 取者和予者	彭歌著	散文

三民文庫已刊行書目 (一)

1. 鵝毛集	梁若容著	散文
2. 琦君小品	琦君著	散文
3. 我與文學	張秀亞著	散文
4. 兩地	林海音著	散文
5. 失去的影子	于吉著	小說
6. 海星	郭嗣汾著	小說
7. 作家印象記	謝冰瑩著	傳記
8. 知識論	何秀煌譯	哲學
9. 逦園雜憶	胡耐安著	傳記
10. 摘星文選	鍾梅音著	散文
11. 值得回憶的事	宋希尙著	傳記
12. 回國前後	陶百川著	日記
13. 語言的哲學	何秀煌譯	哲學
14. 回憶與感想	徐世大著	傳記
15. 楊肇嘉回憶錄 ①②	楊肇嘉著	傳記
16. 學生時代	薩孟武著	傳記
17. 印度文學欣賞	糜文開編著	文學
18. 水滸傳與中國社會	薩孟武著	歷史論述
19. 我在美蘇采風探眞	陶百川著	回憶錄
20. 美國對華政策透視	陶百川著	外交論著
21. 我生一抹	姜超嶽著	傳記
22. 科學的哲學	何秀煌譯	哲學
23. 我的回憶	謝冰瑩著	傳記
24. 天下大勢老實話	陶百川著	外交論著
25. 邏輯	何秀煌譯	哲學
26. 中年時代	薩孟武著	傳記
27. 吳鐵城回憶錄	吳鐵城著	傳記
28. 我祇追求一個圓	鍾梅音著	散文
29. 秋瑾革命傳	秋燦芝著	傳記
30. 七十自述	淩鴻勛著	傳記
31. 敎育老兵談敎育	洪炎秋著	敎育論述
32. 珊瑚島	呼嘯著	小說
33. 老莊思想與西方哲學	宋稚青譯	哲學
34. 忙人閑話	洪炎秋著	散文
35. 莊子	陳冠學譯	哲學
36. 實用書簡	姜超嶽著	書信
37. 近代藝術革命	徐代德譯	藝術
38. 詩詞曲疊句欣賞研究	裴普賢著	文學
39. 夢與希望	鍾梅音著	散文
40. 夜讀雜記 ①②	何凡著	散文
41. 寒花墜露	繆天華著	小品文
42. 中國歷代故事詩 ①②	邱燮友著	文學